Hanna Ahrens

Aus Liebe zum Leben

BRUNNEN
VERLAG GIESSEN · BASEL

2. Auflage 2007
1. Taschenbuchauflage

www.brunnen-verlag.de
Lektorat: Eva-Maria Busch
Umschlagmotiv und Innenillustrationen: Hanna Ahrens
Umschlaggestaltung: Ralf Simon
Satz: DTP Brunnen
Herstellung: Ebner & Spiegel, Ulm
ISBN 978-3-7655-3989-3

Für Helen Donath

Lasst uns dem Leben trauen,
weil wir es nicht allein zu leben haben,
sondern weil Gott es mit uns lebt.

Alfred Delp

Inhalt

Aus Liebe zum Leben

Leben ist kostbar und in seiner Vielfalt wunderbar. Wo wir ihm wach und aufmerksam voll Achtung und Achtsamkeit begegnen, beschenkt es uns immer neu. Dann wird es wie ein Fest. Wo das Leben aber leidet, da möchte es von uns wie ein Kind in die Arme genommen, gewärmt und geliebt werden.

„In einem guten Wort ist Wärme für drei Winter." (Mongolisches Sprichwort)

Für ältere Menschen kann das Mühsame überwiegen, aber vielleicht wachsen zugleich Heiterkeit und Vertrauen, weil Gott dieses Leben mit uns lebt.

Freude, schöner Götterfunken

Es gibt Tage, an denen auch ich sagen könnte – wie es ein kleiner türkischer Junge einmal geschrieben hat: „Heute war der Tag so schön, ich wusste nicht, was ich zuerst machen sollte. Es gefiel mir alles."

Solche Tage oder auch Stunden gibt es. Alles erscheint ganz leicht und kommt uns entgegen. Diese Unbeschwertheit dringt durch die Haut bis ins Herz, und das Herz singt vor lauter Glück. Wie wunderbar ist es, leben zu dürfen. Die Sonne zu sehen oder den Regen zu spüren, den leichten Wind. Den warmen Sommertag im Garten oder am Meer mit hellem Himmel und weißen Wolken. Vielleicht ist es ein Festtag mit Kindern, Enkeln und Freunden.

Aber auch ein Wintertag ist herrlich, wenn ich nach einem langen Spaziergang im Schnee den Kachelofen anheize, mich auf die Ofenbank setze und mein Mann mir einen heißen Tee einschenkt.

Kürzlich las ich ein Gedicht von Mascha Kaléko, in dem von der Liebe zu diesem wunderbaren Leben die Rede ist. Im Schlussteil heißt es:

In mir ist alles aufgeräumt und heiter:
Die Diele blitzt, das Feuer ist geschürt.
An solchem Tag erklettert man die Leiter,
die von der Erde in den Himmel führt.
Ich freue mich, dass ich mich an das Schöne
und an das Wunder niemals ganz gewöhne.

Achtsamkeit

Achtsamkeit hat mit dem Herzen zu tun und zugleich mit Augen, Ohren und Händen. Achtsamkeit ist der liebevoll-aufmerksame Umgang mit Menschen und Dingen: Was braucht der andere zu seinem Glück? Aber auch ich selbst soll in all der Hektik, Kälte und Gleichgültigkeit nicht unter die Räder kommen, sondern auf mich achten. „In Demut achte deine Seele hoch!", heißt es im biblischen Buch Jesus Sirach. Achtsamkeit braucht Zeit. Eile ist ihr Todfeind. Ich muss also auswählen und manches weglassen, damit ich genug Zeit habe.

Wer auch nur einen Tag lang versucht, sorgfältig und liebevoll zu sein, spürt, wie wohltuend das für alle Beteiligten ist. Zuwendung, Hinsehen und Zuhören – das ist Leben. Paulus sagt: Ohne solche Liebe sind wir wie ein „tönendes Erz" oder eine „klingende Schelle", man könnte auch sagen: Krachmacher, die herumtönen, Schall und Rauch, Lärmverstärker.

Achtsamkeit hat mit Zärtlichkeit zu tun, sie ist behutsam und geduldig, sie hört auch die Zwischentöne. Ich denke an einen Rilke-Text, den ich seit langem kenne:

Hast du noch nie bemerkt, wie verachtete,
geringe Dinge sich erholen, wenn sie in die breiten,
zärtlichen Hände eines Einsamen geraten?
Wie kleine Vögel sind sie, denen die Wärme
wiederkehrt, sie rühren sich, wachen auf,

und ein Herz beginnt in ihnen zu schlagen,
das wie die äußerste Welle eines mächtigen Meeres
in den horchenden Händen steigt und fällt.

Warum sind es die Hände eines „Einsamen“? Vielleicht deshalb, weil diese Menschen sich ohne jede Ablenkung ganz ungeteilt Dingen und Menschen zuwenden können.

Rilke war einsam. Er hat unter seiner Einsamkeit sein Leben lang gelitten. Aber ohne sie wäre sein Werk nicht denkbar. „Einsamkeit ist nichts, was man wählen oder lassen kann, wir *sind* einsam.“ Nicht nur Menschen, auch Dinge erholen sich, wenn ihnen Aufmerksamkeit zuteil wird.

Wie oft habe ich die vom Supermarkt weggeworfenen, halb vertrockneten Astern-, Rosen- oder Nelkentöpfe mit nach Hause genommen. Meistens gelang die Wiederbelebung. Sie brauchten natürlich Wasser, aber auch gute Erde, den richtigen Platz und gutes Zureden: „Du schaffst es! Gib nicht auf! Ich helfe dir!“

Ich denke an einen einsamen, alten Mann, der in einem Sperrmüllhaufen eine ganz verkommene Kommode gefunden hat, übermalt, wurmstichig, weggeworfen, weil unbrauchbar. Er lädt sie auf seine Schubkarre. Zu Hause, in seiner kleinen Werkstatt, sieht er, dass die drei Schubladen noch ganz gut erhalten sind. So beginnt er hier mit dem Abschleifen. Schönes altes Holz – Eiche – kommt zum Vorschein. Er ist gespannt, wie die obere Platte unter den zwei Farbschichten wohl aussieht. Auch hier: Wurmlöcher, Brandflecke, Kratzer. Am schlimmsten ist der Boden. Die Füße sind weggebrochen, weil das Holz zu morsch war. Zu viele Holzwürmer, zu viel Feuchtigkeit. Einige Bretter müssen ersetzt werden.

Stück für Stück und Tag für Tag arbeitet er daran. Zuerst wird ein Wurmmittel aufgetragen, dann weiter gesandet, geölt, poliert. Und eines Tages steht die Kommode vor ihm, ein altes Möbel mit Löchern und Schrammen, aber mit einem warmen Glanz, der nun sein Herz erwärmt.

Verachtete, geringe Dinge brauchen Zuwendung und Zeit. Und wie viel mehr gilt das für Menschen.

Gott, der „Liebhaber des Lebens", hat Acht auf jedes seiner Geschöpfe (Sprüche 24,12). „In meine Hände habe ich dich gezeichnet" (Jesaja 49,16). Unser Name, wir selbst, sind in Gottes Hand.

Mitgefühl

Philipp (5) lag mit hohem Fieber blass und still auf dem Sofa. Unsere Hündin Lucie legte sich zu ihm und blieb bei ihm, auch als wir in den Garten gingen. Sie leckte ihm die Hand.

Philipp lächelte. Es ging ihm schon viel besser.

Vergnügungen

Der erste Blick aus dem Fenster am Morgen
Das wiedergefundene alte Buch
Begeisterte Gesichter
Schnee, der Wechsel der Jahreszeiten
Die Zeitung
Der Hund
Die Dialektik
Duschen, Schwimmen
Alte Musik
Bequeme Schuhe
Begreifen
Neue Musik
Schreiben, Pflanzen
Reisen
Singen
Freundlich sein.

BERTOLT BRECHT

Liebe

Robert Cushman Murphy fuhr als junger Wissenschaftler auf dem Walfänger „Daisy“ nach South Georgia (Antarktis), wo er die Brutzeremonien der Eselspinguine studierte.

Die Weibchen erwarten, dass ihre Verehrer ihnen Kiesel oder kleine Knochen als Brautgabe vor die Füße legen. Zur Werbung gehören auch Verbeugungen, begleitet von sanften Zischlauten, und später – bei Erfolg – fröhliches Trompeten. Nimmt das Weibchen einen Kieselstein an, hat's gefunkt. Aber manchmal machen die Männchen Fehler. Versehentlich bieten sie einem anderen Männchen die Steine an.

Eines Tages passierte es, dass ein Pinguin-Männchen Murphy einen Stein vor die Füße legte. Es folgten die vorgeschriebenen Verbeugungen, bei hoher gegenseitiger Achtung. Murphy war stolz und fühlte sich wertgeschätzt.

Grönland zum ersten Mal

Grönland zu sehen, hatte ich mir schon lange gewünscht. Nun ging dieser Traum in Erfüllung. Ich sollte Passagiere der „Albatros“ auf ihrer Fahrt zur größten – und kältesten – Insel der Erde als Schiffspastorin begleiten.

Es war Ende August. Ich hätte trotzdem einen warmen Anorak mitnehmen sollen. Nach einer Woche erreichten wir – Norwegen und Island hinter uns lassend – die Südspitze Grönlands. Alle Seekrankheit war vergessen, als die ersten Eisberge auftauchten. Wir hatten diese weißen Kolosse dann ganz nah, als wir durch den Christian-Sund fuhren, fast streckte man seinen Arm aus, um sie zu berühren. Die Reling war dicht besetzt, jeder wollte sehen und fotografieren. Viel zu schnell glitten diese bizarren Eismassen an uns vorbei, mal in Gestalt eines Krokodils oder springenden Raubtiers, dann wie Burgen und Schlösser mit türkisfarbenen Toren.

An der Westküste Grönlands liegt ganz im Süden der kleine Ort Qaqortok mit immerhin 3000 Einwohnern und vielen bunten Holzhäusern. Hier betraten wir den grönländischen Boden zum ersten Mal. Unser Schiff lag auf Reede. Tenderboote hatten uns an Land gebracht. Im Hafenbereich gab es Souvenirshops wie in aller Welt. Ein Postamt, wo jeder telefonieren wollte, eine Art Café, eine Kirche und ein paar geteerte Straßen, die aber bald in Geröll und felsigen Boden übergingen. Im Schutz der Häuser wuchsen Blumen. Händler hatten ihre Planen ausgebreitet, um Gewebtes, Gestricktes und aus Seehundsfell Genähtes anzubieten. Sie hatten nicht viel Glück, die Preise waren zu hoch.

Für den Nachmittag stand die Besichtigung einer Felsenkirche aus der Wikingerzeit auf dem Programm. Der Kreuzfahrtdirektor schlug vor, dort einen Gottesdienst zu halten. Einer unserer Musiker vom Schiff war bereit, die Lieder mit seiner Trompete zu begleiten und auch etwas zum Beginn und Ausklang zu spielen.

So fuhren wir mit dem ersten Tenderboot hinüber zu

der kleinen Landzunge, auf der die Kirche lag. Die Mauern aus groben Granitblöcken, Türöffnungen und Fensterbögen waren noch gut erhalten, aber das Dach fehlte. Eine Kirche – offen zum Himmel hin!

Ob jemand unserer Einladung zum Gottesdienst folgen würde?

Fast alle kamen. Dreimal füllte sich die kleine Kirche. Zwischen Grasbüscheln und Steinbrocken standen wir und sangen: „Großer Gott, wir loben dich!" Und unsere Lieder, auch die wunderbare Trompetenmusik stiegen ganz ungehindert zum Himmel auf, der heute von einem kalten, klaren Blau war.

Als zum Schluss das „Ave Maria" gespielt wurde, hatten einige der Passagiere Tränen in den Augen. Auch das Singen war eher ungewohnt, aber ein großes Glück.

Meiner Ansprache legte ich das Motto der Herrnhuter Missionare zugrunde, die um 1700 nach Grönland gekommen waren. Als sie damals ihre Heimat verließen, war alles ungewiss: Würde ihr Schiff Stürme und Treibeis überstehen? Wie würden die Inuit sie aufnehmen? Wovon sollten sie leben? Schafften sie es, die schwierige Sprache zu lernen? Eine Sprache in der schon der einfache Hinweis: „Einfahrt zum Tanken erlaubt" hieß: Orserniartunut aqqutigineqarsinnaavoq.

Würde man Dunkelheit und Kälte drei Viertel des Jahres ertragen können? Und das Evangelium – ob es sich auch hier seinen Weg bahnte? Ihr Motto hieß: „Glaube ist Zuversicht. Ein Nichtzweifeln an dem, was man nicht sieht." Glaube also gegen den Augenschein.

Die Missionare haben durchgehalten – trotz Dunkelheit, Kälte, Hunger, Entbehrungen, Krankheit und vieler Todesfälle. Sie haben sich an dem Wort aus dem Hebräerbrief festgehalten. Oder ist es nicht Gott, der seine Menschen festhält?

Wir fuhren über den Polarkreis bis in die berühmte Discobucht. Dort gibt es die meisten Eisberge.

Unbeschreiblich schön der stille Abend mit den Farben der untergehenden Sonne. Das Wasser und die schroffen Eiswände um uns herum waren gelb, ocker, türkis oder blau. Kaum jemand sprach. Und wenn, dann waren es Worte tiefer Ergriffenheit. In Ilulissat, dem nördlichsten Punkt unserer Reise, hatten wir einen ganzen Nachmittag Zeit, über die Tundra zu laufen und in einem ausgetrockneten Flussbett nach Schätzen zu suchen. Ich habe den Unterkiefer eines Elchs gefunden und natürlich mitgenommen. Er steht inzwischen geruchsfrei in meinem Bücherbord.

Während unserer Tour über Stock und Stein – überall Wollgras und kleine Tümpel – dachte ich an das Buch: „Arktische Träume“ von Barry Lopez, das ich kurz vor der Reise gelesen hatte. Man erfährt darin, dass dieses niedrige Gestrüpp der Tundra oft alte Weiden oder Birken sind, deren „Stämme“ – nicht dicker als ein Daumen – bis zu 200 Jahresringe erkennen lassen. Wir spazierten also auf einem Wald herum, einem Wald, der mit Sumpfbedingungen leben musste. Nur die oberen Erdschichten waren aufgetaut, die tiefer liegenden permanent gefroren.

Die Blätter der kleinen Sträucher und Pflanzen hatten

sich bereits rot gefärbt. Hier beginnt schon Ende August der Herbst. In den nächsten Tagen sollte bereits der erste Schnee fallen. Langsam gingen wir zum Schiff zurück. Vor uns die weite blaue Bucht mit den weiß-glänzenden Eisbergen, heiter und leicht. Wie anders hatte es gestern ausgesehen bei sturmgepeitschter See und grauem Himmel.

Unser Schiff nahm Kurs auf Kangerlussuag, von wo aus wir zurückfliegen sollten.

Ein kleines Missverständnis

Die Grönlandreise war die schönste Kreuzfahrt seit langem. Freundliche Menschen, viel Arbeit und – wie könnte es anders sein? – auch die komischen Momente fehlten nicht, und das hatte mit den Gottesdiensten an Bord zu tun. Sie fanden im Kinosaal des untersten Decks statt. Dort hätten wir, wären die Schiffswände aus Glas gewesen, uns mit den Fischen unterhalten können! Es war ein großer schummriger Raum mit ansteigenden Sitzreihen, Platz für 400 Personen.

Der philippinische Stewart stellte – wie es sein Job war – einen Tisch auf die Bühne, holte Kreuz und Kerzen aus einem Nebenraum und verteilte beides auf einer etwas zerknitterten weißen Tischdecke. Sogar das Blumengesteck von der Rezeption war für diese halbe Stunde entliehen und hierher transportiert worden. Soweit seine Arbeit.

Als nächstes sollte er auf dem Oberdeck die Mikrophone für die Proben der Musiker aufstellen. Aber er zögerte. Etwas ratlos und in gebrochenem Englisch fragte er mich: „Prest ... we?“ Ich verstand nicht. Er wiederholte seine Frage, deutete auf den „Altar“ und machte bei „Prest“ ein Kreuzeszeichen. Er wollte also wissen, wo der Priester war, der den Gottesdienst halten würde.

Ich – mit Talar und Beffchen ordnungsgemäß bekleidet – sagte: „I'm the priest!“

Er lachte und nahm einen neuen Anlauf: „Father, we?“

„No Father! I'm in charge! – Ich halte einen evangelischen Gottesdienst!“ Damit konnte er – auf einem katholischen College erzogen – nichts anfangen. Aber dafür war er ja auch nicht zuständig. Die Requisiten stimmten.

Im Laufe der Zeit gewöhnte er sich an mich. Man kann nicht alles verstehen – und was auf einem Schiff passiert, sowieso nicht.

Nach dem Abschiedsgottesdienst gab ich ihm sein Trinkgeld. 25 Euro waren für diese zwei Wochen vorgesehen. Er lächelte, gab mir die Hand und sagte: „Thank you, Sister Hanna!“ Er hatte sich also entschlossen, mich für eine katholische Ordensschwester zu halten. Anderes war nicht denkbar. Aber er sagte das „Sister Hanna“ so herzlich, dass ich mich freute. Und „Sister“ war ja in jedem Fall die passende Anrede.

Also antwortete ich: „Welcome, brother Mike, Sie waren immer sehr freundlich und hilfsbereit. Vielen Dank!“

Die Sache mit dem Kugelschreiber

Für meine Vortragsreise in Süddeutschland habe ich sorgfältig gepackt. Ich mag nicht, wenn etwas Wichtiges fehlt.

Im Zug klappe ich den Tisch vor mir herunter und schlage die eben am Bahnhof gekaufte Frauenzeitschrift auf. Zuerst das Kreuzworträtsel! Aber wo ist mein schwarzer Stift? Nicht da. Auch kein Kugelschreiber. Alle meine Stifte sind in der Tasche, mit der ich sonst reise. Zu dumm!

Aber Kreuzworträtsel müsste man eigentlich auch im Kopf lösen können – mit etwas Konzentration sollte es gehen. Ich beginne oben links: „Kinderkrankheit": Das sind natürlich die Masern. Ist ja leicht. Das „s" muss ich mir für die Lösung merken. Kein Problem. Dann: „Sternbild", weiß ich nicht. Später: „Bestrebt, ehrlich zu sein", 16 Buchstaben ... muss warten. Als viertes: „Dänische Nordsee-Insel", ist doch klar: Roem! Auf das „o" kommt es hier an. Auch die nächsten Worte: „Nassau" und „Kuemmel" weiß ich sofort, den „Artikel im vierten Fall" auch. Aber nun wird es mit dem Merken schon schwieriger. Vor allem mit den Lücken. Und 14 leere Felder habe ich noch vor mir. Nein, es geht nicht, ich brauche einen Stift. Andere Leute brauchen Aspirin, Tempotaschentücher und Regenschirme. Ich brauche, wenn ich unterwegs bin, Stifte. Nicht nur für Rätsel, sondern für all das, was mir nebenher so einfällt, was ich sehe und höre, was interessant, komisch oder seltsam ist.

Ich werde einfach meine Mitreisenden nach einem

Kugelschreiber fragen. Aber wen? Keiner schreibt. Sie sind verstöpselt und verkabelt, lesen oder dösen. Das Schreiben mit der Hand ist out … Es gibt ja Notebooks und Handys. Außerdem ist es Sonntagnachmittag. Da macht man sich keine geschäftlichen Notizen. Aber vielleicht steigen in Hannover ja Messebesucher zu, die jede Menge Werbekugelschreiber in der Tasche haben.

Doch in unser Abteil kommen nur Mütter mit Babys und alte Damen. Alles, was sie aus ihrer Tasche ziehen, sind Brot, Äpfel, Wasserflaschen und Zeitungen.

Was soll's – ich frage einfach mal laut und deutlich in die Runde: „Hat vielleicht jemand einen Kugelschreiber für mich?"

Aber – leider! – so mutig bin ich nicht. Nicht nachmittags zwischen zwei und drei, wo meine Lebensgeister auf dem Nullpunkt sind.

Da kommt ein Kellner mit Kaffeebechern auf einem runden Tablett. Meine Chance! Er wird ja vielleicht *einen* Stift haben. Ich werde ihn fragen. Um dafür eine gute Atmosphäre zu schaffen, nehme ich zunächst mal einen Kaffee, den ich eigentlich gar nicht mag, weil er – in der Bahn – meistens abgestanden und lauwarm ist.

„Bitte ohne Sahne!"

Er: „Sahne haben wir nicht, darf's auch ohne Milch sein?"

„Klar!"

Ich gebe ein gutes Trinkgeld. Freundlichkeit in Bezug auf Kugelschreiber kann man nicht umsonst erwarten. Als ich zu meiner Frage ansetzen will, gibt es im Zug einen Ruck, der den Kellner drei Reihen weiter nach vorn treibt. Weg ist er! Aus der Traum.

Wenige Minuten später kommt ein Kollege und bietet sein Eissortiment an. Ich habe gelernt, dass Zögern nichts bringt. Ich kaufe kein Eis, sondern sage sofort – ganz direkt: „Haben Sie vielleicht einen Kugelschreiber?"

„Nein. Ich habe Eis!"

„Aha!"

Ich hatte extra laut und deutlich gesprochen, sodass die Mitreisenden in meiner Nähe es nicht überhören konnten. Aber keiner reagierte. Damit war klar: Dieser Großraumwagen war kugelschreiberfrei. Eine Klärung immerhin.

Der Schaffner kam: „Die Fahrkarten bitte!"

Ich reiche ihm meine Karte. Man wird verstehen, dass ich keinen Mut mehr hatte, erneut nach dem Schreibutensil zu fragen. Ich bin sicher, er hätte gesagt: „Kugelschreiber? Hab ich nicht! Wozu auch? Ich habe mein Verkaufsterminal …" Das wollte ich mir ersparen.

In Kassel stieg eine Frau mittleren Alters zu. Sie setzte sich neben mich. Ihr hätte ich einen Stift – oder zwei – durchaus zugetraut. Aber total entmutigt schwieg ich. Ich versuchte einfach erneut, die Rätselsache mit dem Kopf zu lösen. Vielleicht ergab sich ja alles vom Schlusswort des Lösungssatzes her, wenn es sich z.B. um einen Filmtitel oder ein bekanntes Sprichwort handelte. Wer weiß! Ich fuhr mit dem Finger über die Kästchen, zögerte, machte weiter.

Da beugte sich meine Nachbarin zu mir herüber und

sagte: „Warum nehmen Sie dafür keinen Kugelschreiber? Das ist doch viel einfacher!“

„Ich habe leider keinen!“

„Ach du liebe Zeit!“ Sie öffnete ihre Tasche: „Hier sind bestimmt fünf: schwarz, blau, grün, rot … was Sie wollen.“

Ich konnte es kaum glauben. Sie war überhaupt sehr freundlich, sodass ich irgendwann halblaut vor mich hin fragte: „Ein anderes Wort für Marder?“

„Wiesel“, sagte sie.

„Danke, passt!“

Sie legte den Kopf zurück, streckte die Arme zur Entspannung aus und meinte: „Wie ein Wiesel fühle ich mich manchmal auch – besonders beim Nachtdienst.“

„Was machen Sie denn beruflich?“

„Ich bin Ärztin am Barmbeker Krankenhaus, zurzeit unterrichte ich die Schwesternschülerinnen dort.“

„Das gibt's ja nicht! Solch ein Zufall! Unsere Tochter studiert Pflegewissenschaften und macht demnächst ihr Unterrichtspraktikum an Ihrem Krankenhaus. Isabelle heißt sie.“

„Das freut mich aber! Sagen Sie ihr, sie kann sich immer an mich wenden, wenn's irgendwo Probleme gibt. Voss ist mein Name, Irene Voss.“

„Danke, das ist nett! Und falls *Sie* dann mal einen Kugelschreiber brauchen … Isabelle hat immer welche bei sich, darin unterscheidet sie sich von ihrer Mutter.“

Wie ein Fest

Du musst das Leben nicht verstehen,
dann wird es werden wie ein Fest.
Und lass dir jeden Tag geschehen
so wie ein Kind im Weitergehen
von jedem Wehen
sich viele Blüten schenken lässt.

Sie aufzusammeln und zu sparen,
das kommt dem Kind nicht in den Sinn.
Es löst sie leise aus den Haaren,
drin sie so gern gefangen waren,
und hält den lieben jungen Jahren
nach neuen seine Hände hin.

Rainer Maria Rilke

Das Mädchen, acht oder neun Jahre alt – ihr krauses Haar ist in zwei Zöpfe geflochten – läuft ein paar Schritte, bleibt stehen, geht weiter, hüpft über einen Graben. Ein großer Garten ist da mit alten Obstbäumen. Alles blüht. Es weht ein leichter Wind. Die Blüten verfangen sich im Haar des Kindes, sie werden herausgezupft und fallen gelassen. Die Hände strecken sich neuen Blüten entgegen: rosa und weiß. Zart, vergänglich, aber in diesem Augenblick unvergleichlich schön. Nur das zählt.

Solche Unbefangenheit dem Leben gegenüber geht

irgendwann verloren, es gibt zu viele andere Erfahrungen. Aber das wäre Leben! Immer neu die Hände auszustrecken und auf Gutes zu hoffen. Voll Erwartung und Neugier zu sein. Fremdes zu entdecken, Dinge zum ersten Mal zu tun. Aus purer Freude am Dasein und im Vertrauen darauf, dass der Himmel es gut mit uns meint.

Du musst das Leben nicht verstehen – du musst nicht *warum* fragen und deine Last so noch schwerer machen. Lass dir jeden Tag geschehen – nimm ihn aus Gottes Händen. Denn: „Gott hat dein Wandern durch diese große Wüste auf sein Herz genommen“ (5. Mose 2,7).

Auch an mühsamen Tagen tut es gut, das Sehen und Hören, das Wahrnehmen, Schmecken, Riechen und Tasten nicht verkümmern zu lassen, damit die Freude nicht stirbt. Wie wunderbar ist es, sehen zu können: eine Landschaft mit ihren Hügeln und Wäldern, das weite offene Meer und den unendlichen Himmel darüber. Oder große Musik zu hören. Die Stimme eines Menschen, die mich tröstet und mir Mut macht. Ein herrlich duftendes Essen. „Wie ein Fest“ wird das Leben, wenn ich jeden neuen Tag mit wachen Sinnen als Geschenk des Himmels entgegennehme und dafür danke sage, weil nichts selbstverständlich ist.

Auf meinem Schreibtisch steht – seit vier Monaten nun schon – die Todesanzeige meiner ehemaligen Zürcher Flötenlehrerin Dora Schühli. Das Foto auf der Vorderseite zeigt sie mit noch dunklem Haar und lachendem Gesicht. Sie trägt einen leichten maisgelben Pullover. Es ist Sommer. Auf dem Tisch vor ihr stehen Blumen und Gläser. Vielleicht feiert sie ihren Geburtstag. Jemand hat ihr zum Spaß Seifenblasen geschenkt. Sie hält ihren Gästen eine große bunte Blase, die an einer weißen Plastikschlaufe hängt, entgegen.

Sie beugt sich vor über den Tisch, als wollte sie sagen: „Schaut mal, wie schön sie ist und wie sie sich dreht! All die Farben, ist das nicht wunderbar?"

Ihre Freude und Begeisterung stecken an. Die Seifenblase wird gleich zerplatzen. Aber es gab sie. Könnte sie – wie Blüten und Blätter, Wind und Sonne – nicht ein Hinweis sein auf die noch viel größere Schönheit des Himmels, auf die wir zugehen? Eine Schönheit, die nicht vergeht?

Grünen und blühen

„Wer aufhört zu lernen, hört auf zu leben." Mit diesem Slogan wirbt eine Volkshochschule für ihre Kurse.

Lernen ist etwas Wunderbares: Welche Perspektiven eröffnet uns eine neue Sprache! Wie viel Spaß macht das Malen und Gestalten. Man gewinnt dabei nicht nur neue Kenntnisse, sondern auch neue Freunde. Die Lebenslust wächst, und die Einsamkeit nimmt ab. Lernen hält fit.

Aber wenn es nun bei all den Lernbemühungen gar nicht um Wissenserweiterung geht, sondern darum, jung zu erscheinen? Das Image zu wahren? Auf keinen Fall zum alten Eisen zu gehören, weil man dem unsinnigen

Diktat glaubt: Du darfst nicht alt sein! Du musst lernen, lebenslang? Ist es nicht letztlich der aussichtslose Kampf gegen den Tod?

Ich könnte mir – aus lauter Liebe zum Leben – mein Alter auch anders vorstellen: Ich tue nur, was mir Spaß macht und was mir wichtig erscheint für die Menschen, mit denen ich lebe. Ich weiß: Menschen, die einfach nur älter werden und zum Beispiel den Sommer mit bestem Gewissen auf ihrer Terrasse verbringen, sind out. Dabei haben sie es doch eigentlich verdient, sich auszuruhen nach so vielen Jahren harter Arbeit. Ab 103 allerdings werden Alte dann wieder interessant, aber nur wenn sie etwas Besonderes leisten: sei es in einem Eisloch zu baden oder Schach zu spielen.

Als ich in der Schweiz studierte und während der Semesterferien einen 85-jährigen, fast blinden Professor betreute, sagte er eines Tages: „Sorge dafür, dass du ein schönes Alter kriegst!“ Ich konnte mit diesem gut gemeinten Rat nichts anfangen. Was sollte ich denn dafür tun?

Inzwischen kann ich mir denken, was er meinte: Gehe mit deinem Körper gut um. Achte auf deine Gesundheit. Sorge für ein Auskommen. Umgib dich mit guten Freunden. Finde eine Arbeit, die dir Freude macht.

Hatte er selbst denn ein „schönes“ Alter?

Sein Leben war trotz mancher Einschränkungen nicht bedrückend. Er fühlte sich wohl in seinem kleinen „Chalet“, einem dunkelbraunen Holzhaus am Rande von

Arosa. Immer gab es Menschen, die ihn besuchten, ihm aus der Zeitung vorlasen oder ihn teilhaben ließen an ihrem Geschick. Drei Monate lang war ich seine Vorleserin. Ich war zuständig für's Frühstück und Abendbrot. Mittags aßen wir gemeinsam in einem Restaurant. Wir „zahlten" mit Petersilie und Schnittlauch. Beides wuchs in großen Mengen hinter dem Haus. Es wurde allmorgendlich mit Kaffeesatz gedüngt und reichlich begossen.

Sonntags – beim Frühstück – gab es ein besonderes Ritual: Wir sangen jeweils gemeinsam ein Osterlied, weil doch jeder Sonntag an die Auferstehung erinnerte. Meistens war es der Choral: *„Auf, auf mein Herz mit Freuden, nimm wahr, was heut geschieht, wie kommt nach großem Leiden nun ein so großes Licht …"*

Ich kann heute – nach über vierzig Jahren – noch alle acht Strophen auswendig. Bei der zweiten Strophe erfolgte das Ritual: Da heißt es vom auferstandenen Christus: *„Er ruft Victoria, schwingt fröhlich hier und da sein Fähnlein als ein Held, der Feld und Mut behält …"* Bei dem Wort „Victoria" (Sieg) schlug er mit der rechten Faust auf die Tischplatte – und zwar so heftig, dass der bereits eingeschenkte Kaffee jedes Mal überschwappte. Das störte ihn nicht, weil er es nicht sah. Ich tupfte die Untertasse dann immer mit einer Serviette wieder trocken.

Aber dieser Sieg Christi an Ostern musste betont und bekräftigt werden, denn er würde ja daran teilhaben. Auf diesen Tag ging er zu. Ein schönes Alter – mit dem Blick auf eine solche Zukunft. Denn: *„… wo mein Haupt durch ist gangen, da nimmt es mich auch mit.“* Das gab ihm eine große Gelassenheit im Blick auf alles Irdische.

Wenn er trotz seines Augenleidens etwas schreiben wollte, nahm er einen schwarzen Fettstift – Filzstifte gab es damals noch nicht – und schrieb in 5 cm hohen Buchstaben. So tat er es zum Beispiel bei Widmungen in den Büchern, die er mir schenkte.

Und wer ihn ansah, blickte in ein freundliches Gesicht. Es war so, wie es in diesem Osterlied heißt: *„Die Trübsal trübt mir nicht mein Herz und Angesicht.“*

„Ein schönes Alter“ wird im 92. Psalm besungen. Da ist von Menschen die Rede, die Gott danken und fröhlich singen, weil es „köstlich“ ist:

„Die gepflanzt sind im Hause des Herrn, werden in den Vorhöfen unseres Gottes grünen. Und wenn sie auch alt werden, werden sie dennoch blühen, fruchtbar und frisch sein.“

Was wünscht man sich mehr?

Gespräche mit Lucie

Ein Hund – neun Jahre alt – hat so seine Lebenserfahrung.

Eine Hündin sowieso. Lucie allemal. Deshalb unterhalten wir uns manchmal. Ganz offen. Warum auch nicht? Wir kennen und mögen uns.

Also reden wir über das Reisen und das Zuhausebleiben, Essen und Fasten, Schlafen und Lachen. Über das Fernsehen natürlich auch, kurz: über all das, was das Leben so ausmacht. Manchmal sind wir unterschiedlicher Meinung, aber das sehen wir locker.

Nach altem Volksglauben können Tiere in der Nacht der Sommersonnenwende ja sprechen. Ich habe es ausprobiert. Aber Lucie schwieg – wie immer.

Sie meinte: „Wozu soll ich reden? Du weißt doch, was ich denke. Stimmt's?"

„Stimmt!"

„Wäre ich allein in einer Wüste, wo es mich grauste,
hätte ich da ein Kind bei mir, so verginge mir
das Grausen, und ich würde gekräftigt,
so edel und lustvoll ist das Leben in sich selbst.
Und könnte ich nicht ein Kind haben,
hätte ich ein Tier, so würde ich getröstet."

Meister Ekkehart

Diät – ja oder nein?

„Lucie, du hast wieder zugenommen!"

„Du auch!"

„Wir reden jetzt von dir. Neun Kilo sind für eine Jack-Russell-Hündin zu viel!"

„Es liegt am Futter, das du mir gibst!"

„Stimmt. Und all die Häppchen vom Tisch ... Du kriegst jetzt wieder Eucanuba light."

„Igitt!!! Wenn du wüsstest, wie das schmeckt! Da kann ich ja gleich Hobelspäne fressen!"

„So ist das eben mit einer Diät. Sie schmeckt nicht gut, aber sie tut gut."

„Und warum machst du keine Diät?"

„Ab und zu tu ich's ja!"

„Dass ich nicht lache!"

„Hunde können gar nicht lachen."

„Das denkst du. Nur weil ich anders lache. Ich lache innerlich!"

„Wir könnten ja beide eine Diät machen. Kein Fett. Keinen Zucker. Nur heute!"

„Das verdirbt mir die Laune. Ein Tag ist lang."

„Gemeinsam schaffen wir es!"

„Also gut: für mich Eucanuba, für dich keine Schokolade! Es ist ganz leicht, sich das Leben zu vermiesen. Aber du willst es ja so."

„Wasser können wir trinken – so viel wir wollen!"

„Haha! Und dann kommt der Jojo-Effekt."

„Wie kommst du denn darauf? Woher kennst du das Wort überhaupt?"

„Aus dem Fernsehen. Oder glaubst du, ich sehe nur Tierfilme?"

„Dachte ich."

„So wird man unterschätzt. Als Hund wird man immer unterschätzt. Als kleiner sowieso."

„Du arme Lucie! Brauchst du als Trost ein Stück Schokolade?"

„Jaaaa! Oder zwei!"

„Zwei auf keinen Fall. Wir machen doch Diät!"

„Richtig, das hatte ich vergessen!"

Lucie auf Reisen

Lucie, unsere Jack-Russell-Hündin, hat sich wie immer neben meine große schwarze Reisetasche gesetzt, um den Aufbruch nicht zu verpassen. Sie will mit.

„Mit" ist eines der wichtigsten Wörter, denn sonst ist man plötzlich allein. Mutterseelenallein. Gibt es Schlimmeres? Aufrecht und entschlossen sitzt sie neben meinem Gepäck.

„Lucie, du kannst nicht mit. Ich fahre mit dem Zug. Es geht nicht."

„Warum geht es nicht?"

„Es geht schon, aber es würde den halben Fahrpreis kosten."

„Und das bin ich dir nicht wert!"

„Du bist mir viel mehr wert, aber im Zug ist es auch langweilig für dich: kein Baum, kein Strauch, kein Rasen. Nichts zum Schnüffeln und Buddeln. Keine einzige Maus."

„Ich will mit. Einmal nur. Du fährst so oft weg. Ich nie!!!"

„Also gut. Meinetwegen."

Und nun sitzen wir tatsächlich im Zug, haben sogar einen Fensterplatz, Großraumwagen, Nichtraucher.

Es ist ziemlich voll. Lucie guckt und schweigt. Nach einer Weile wundert sie sich: „So viele Leute. Warum reden die nicht miteinander?"

„Warum sollten sie? Die kennen sich ja gar nicht. Die kommen von irgendwoher und steigen früher oder später wieder aus. Vielleicht wollen sie lesen oder dösen oder nachdenken."

„Meinst du, die haben Angst voreinander?"

„Vielleicht."

„Hast du Angst?"

„Nein."

„Dann frag doch mal die Frau da drüben, ob sie auch einen Hund hat."

„Einfach so? Ich kenne die Frau doch gar nicht."

„Du hast also Angst."

„Nein."

„Doch!"

„Entschuldigen Sie, haben Sie auch einen Hund?"

„Ich? Einen Hund? Wie kommen Sie denn auf solch

eine Idee? Das wäre das Letzte! Die kläffen doch den ganzen Tag und all die Haare auf dem Teppich und dann das Gassi gehen … nein, danke!“

„Also ich bin sehr glücklich, dass wir die Lucie haben. Hunde sind sehr liebenswürdig. Sie zeigen ihre Liebe auch. Die verstehen alles. Aber sie schweigen. Heinz Rühmann soll ja mal gesagt haben: ‚Man kann auch ohne Hund leben, aber es lohnt sich nicht.‘“

Die Frau nahm ein Buch und hielt es vor ihr Gesicht. Ich sah Lucie vorwurfsvoll an. Lucie guckte aus dem Fenster. Da beugte sich ein älterer Herr zu uns rüber: „Der Heinz Rühmann hat völlig Recht: Ich habe auch immer Hunde gehabt. Und der, den ich jetzt habe, Harry, ist mein Ein und Alles. Sie geben einem so viel.“

Lucie legte ihren Kopf auf meine Knie. Wie Recht dieser Mann hatte. Es tut einfach gut, das mal zu hören. Bahn fahren ist wunderbar. Ich wusste es ja.

Warten

„Tut mir Leid, Lucie, dass ich jetzt erst zurückkomme! Es war überall so voll: auf der Post, im Supermarkt, bei der Sparkasse. Warten ist schrecklich!“

„Wem sagst du das!“

„Na also, du hast doch Zeit! Du verschläfst ja manchmal einen halben Tag! Außerdem: Wann musst du schon warten?"

„Zum Beispiel, wenn ihr Besuch habt und es Lammbraten gibt. Dann sitz ich neben dem Tisch und warte und warte. Wenn ich euch dann mal kurz auf den Fuß trete, oder an der Wade kratze, heißt es gleich: ‚Lucie, lass das! Du hast dein Futter in der Küche!' Aber da – so allein – schmeckt es mir nicht. Ich brauche Gesellschaft. Und was ihr esst, schmeckt einfach besser als das blöde Trockenfutter!"

„Stimmt. Aber du kennst unsere Abmachung: Für Hunde gibt es nichts vom Tisch. Manche Gäste ekeln sich dann nämlich."

„Versteh ich nicht!"

„Ich auch nicht. Aber es ist so. Du wartest bei Tisch also vergeblich."

„Nicht immer! Manchmal habt ihr einen guten Tag, richtig gute Laune. Dann sagt der Chef: ‚Komm, Lucie, du sollst auch nicht leben wie ein Hund!' Und dann gibt er mir ein halbes Hühnerbein. Er wirft es nach draußen auf den Rasen. Aber ich hole es mir wieder ins Haus und fresse es auf dem Teppich unter dem Couchtisch."

„Schlimm genug. Aber manchmal tust du uns eben Leid, weil du immer wieder auf was Gutes hoffst. Wir möchten dich dann nicht enttäuschen."

„Ihr seid gute Menschen!"

„Findest du das wirklich?"

„Ja. Ihr habt Mitleid mit der stummen Kreatur!"

„Na, Lucie, so stumm bist du gar nicht. Du schleichst

jaulend um den Tisch, oder du bellst frech und fordernd. Du kannst schon zeigen, was du willst!"

„Na klar. Es ist doch auch wichtig, seine Wünsche deutlich zu äußern. Aber manchmal sitze ich einfach da und gucke euch an. Ganz konzentriert. Ich rede sozusagen mit den Augen."

„Wenn du dann noch den Kopf schief legst, bist du einfach unwiderstehlich."

„Gut zu wissen!"

Martin Luther hat einmal den Wunsch geäußert: „Ach, dass ich so beten könnte, wie der Hund auf's Fleisch schaut!" So konzentriert und so hoffnungsvoll.

Der innere Schweinehund

„Lucie, was ist los? Du trottest so lahm neben mir her. – Nun lauf doch! Wozu gehe ich mit dir über die Felder?"

„Ich mag heute nicht. Dieses nasskalte Februarwetter ist nichts für Hunde. Das geht einem doch auf die Knochen!"

„Dir auch?"

„Na klar!"

„Aber du bist doch erst acht."

„Ich werde neun im Juli!"

„Und wenn schon. Das ist für eine Terrier-Hündin doch kein Alter. Die sind doch dann noch fit!"

„Das denkst du! Überlass mir einfach mein Tempo!"

„Ein bisschen muss man sich auch zur Bewegung zwingen, zum Beispiel laufen, wenn man keine Lust hat … Man muss den inneren Schweinehund überwinden!"

„Was ist denn das? Der innere Schweinehund??"

„Das ist die Bequemlichkeit und das Selbstmitleid."

„Ach, ihr mit eurem Fitness-Wahn. Glaubst du, das ist gut? Sport ist Mord!"

„Wer sagt das denn?"

„Du! Gestern hast du es zu Renate gesagt, als sie dir vorschlug, Fast-Walking zu machen."

„Stimmt!"

„Na also! Und nun gehn wir nach Hause. Da ist es trocken und warm. Du kochst dir einen Kaffee und mir gibst du ein paar Leckerli."

„Hm … Guck mal, wer da kommt!!! Das ist doch Harry, dein bester Freund!"

Lucie ist nicht mehr zu halten. Der mittelgroße Berner Sennenhund ist jung, liebenswürdig, verspielt und temperamentvoll. Die beiden jagen über das Feld, rasen im Kreis herum, beschnuppern sich und knabbern an Lefzen und Ohren. Das Leben ist schön, nur noch schön. Dass es inzwischen angefangen hat zu regnen, stört die beiden nicht. Irgendwann bleiben sie völlig außer Atem stehen – mit hängender Zunge, total erschöpft aber glücklich.

Und die Moral von der Geschicht: Wer Spaß hat, merkt sein Alter nicht!

Was bei Traurigkeit hilft

Es ist Mitte Juli, aber heute sind es nur 17 Grad. Wind und Treibregen. Alles trieft vor Nässe. Die Blumen verrotten. Trotzdem: Dreimal am Tag muss ein Hund vor die Tür.

Ich sage also: „Lucie, komm mein Schatz! Wir gehen schnell mal raus!"

Lucie hebt kurz die Augenbrauen und schläft weiter. Sie tut jedenfalls so. Ich rufe sie erneut, etwas lauter und strenger. Sie erhebt sich zögernd von meinem besten Sessel, gähnt ausführlich, springt herunter, streckt sich in aller Ruhe und bleibt dann auf dem Teppich stehen.

„Was wolltest du? Raus bei dem Wetter?"

„Ja, du hast richtig gehört. Komm jetzt!!"

Vor der Haustür bleibt sie erneut stehen und sieht mich an: „Also, wenn du bei diesem Regen unbedingt spazieren gehen willst ... Bitte! Ich nicht!"

„Lucie, es ist keine Frage des Wollens. Du kommst jetzt mit!"

Ich nehme sie an die Leine. Sie lässt sich zerren, rutscht über die glatten Fliesen und kann sich auf dem Rasen besser wehren. Es hat keinen Zweck. Man kann niemanden zu seinem Glück zwingen. Auch einen Hund nicht. Also gehen wir ins Haus zurück.

Regen ist scheußlich – für Arthritis und für die Seele natürlich auch. Ich stelle für uns beide eine schöne Barockmusik an. Lucie mag Klassik. Ganz entspannt (nach den überstandenen Strapazen) döst sie vor sich hin und wartet auf Sonne und warme Steine. Ich auch.

Bis dahin hole ich mir einen heißen Kakao und für Lucie ein Corny-Leckerli, das sie krachend auf dem Teppich frisst. Dann rollt sie sich in ihrem Korb auf wie eine Schnecke, und das heißt: „Lasst mich alle in Ruhe, ja? Man sieht ja in welcher Gemütsverfassung ich bin!"

Draußen auf der Terrasse badet eine Amsel in der vollgeregneten Vogeltränke. Ganz ausführlich reinigt sie ihr Gefieder und taucht flügelschlagend immer wieder ins Wasser. Dann fliegt sie auf die Pergola und putzt sich in aller Ruhe – als hätten wir schönstes Wetter. Körperpflege tut offenbar gut, gerade an solchen Tagen. Vielleicht sollte ich es auch versuchen, mit einer heißen Dusche zum Beispiel? Aber ich kann Lucie doch nicht einfach ihrer Melancholie überlassen!

Also setze ich mich auf den Teppich neben ihren Korb und streiche ihr über den Rücken, kraule sie hinter den Ohren und sage: „Du bist mein lieber Schatz! Der beste Hund der Welt!"

Lucie schluckt vor Rührung und leckt sich die Lefzen. So schön kann Regenwetter sein!

Warum so eilig?

„Komm, Lucie! Komm schnell!!!“

Lucie tut, als hätte sie nichts gehört.

„Lucie! Wenn ich sage: Komm! Dann kommst du! Hunde sollten gehorchen.“

„Das möchtest du wohl. Kommst du, wenn man dich ruft?“

„Wenn ich's wichtig und richtig finde, schon!“

„Siehst du. So mach ich's auch.“

„Lucie, ich will jetzt keine Diskussion. Ich will nach Hause. Komm, ich hab's eilig!“

„Dass ihr es immer eilig habt! Dabei leben Menschen viel länger als Hunde. Siebenmal so lange …“

„Du übertreibst!“

„Na gut, aber fünfmal! Und warum hast du es so eilig?“

„Ich will den Film Viertel nach acht im Fernsehen sehen.“

„Wieder einen Krimi?“

„Geht dich gar nichts an!“

„Und wann kann ich mal wieder einen Tierfilm sehen?“

„Das hast du gestern erst, und es war schlimm genug!“

„Was soll daran schlimm gewesen sein?“

„Du hättest vor Aufregung fast die Mattscheibe eingeschlagen!“

„Sei froh, dass ich die afrikanischen Springböcke vertrieben habe. Oder hättest du sie im Wohnzimmer haben wollen? Na siehst du! Sogar die Löwen sind abgehauen, als ich gebellt habe. Aber nichts als Undankbarkeit …“

„Lucie, das sind doch nur Filme! Nur Fotos von Tieren. Keine *echten!*"

„Das denkst du. Ich habe gehört, wie die Löwen brüllen. Da gefriert einem doch das Blut in den Adern. Du hörst vielleicht gar nichts. Menschen hören ja schlecht. Ich höre mehr als du!"

„Ich weiß. Aber kommst du jetzt bitte?"

„Oh, das sind ja schon ganz andere Töne. Ich komme gern. Für dich tu ich alles! Und vielleicht kommt in dem blöden Krimi ja auch ein Hund vor. Dem werd ich's dann zeigen, einfach so in mein Revier einzudringen!"

„Ich hoffe, es kommt kein Hund vor."

Das seh' ich anders

„Lucie! Jetzt liegst du schon wieder auf meinem besten Sessel. Du weißt, dass du da nicht liegen darfst! Ohne Decke schon gar nicht!"

„Das war früher mal, als der Sessel noch ganz neu war."

„Du bist ganz schön dickfellig!"

„Ja."

„Aber der Sessel kriegt Flecke von deinen Dreckpfoten. Und das will ich nicht."

„Ist er mit Flecken nicht mehr so bequem?"

„Doch. Aber nicht mehr schön."

„Also, ich finde, mit dem Sessel machen wir es so:

Wenn du nicht drin sitzt – und wann sitzt du da schon mal? –, kann ich drin liegen und schlafen. Was mir daran am besten gefällt: Ich kann meinen Kopf auf der Armlehne ablegen. Wenn du wüsstest, wie entspannend das für den Rücken ist! Total relaxing!"

„Seit wann kannst du Englisch?"

„Schon immer. Ich bin – wie du weißt – ein englischer Jagd-Terrier. Das hab ich in den Genen. Aber lenke nicht ab! Ich finde, wenn zwei sich am Sessel freuen, dann lohnt er sich erst wirklich."

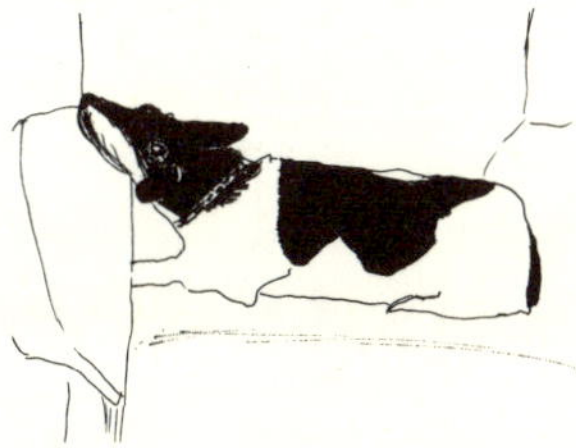

„Du hast gewonnen! Soll ich dir noch eine Decke bringen?"

„Ja, bitte!"

Umzüge sind schrecklich

„Lucie, du schläfst ja immer noch!"

„Lass mich!"

„Bist du so müde?"

„Ja!"

„Aber wir waren doch nur drei Tage unterwegs!"

„'ne Erholung war es nicht. Umzüge sind schrecklich! Alle laufen hin und her, rauf und runter: Hannes, Dörte, die Packer, Paul und Philipp …"

„Du hättest dich einfach irgendwo in eine Ecke legen können!"

„Du bist gut! Immer wenn ich gerade auf einer Türschwelle lag, hieß es: ‚Lucie! Weg da! Mach Platz! Die Packer müssen hier durch!' Nicht mal in Pauls Bett durfte ich schlafen!"

„Du hattest doch deinen Korb im Gastzimmer."

„Gastzimmer! Wenn ich das schon höre! Da fühlt man sich doch gleich abserviert! Und wenn ihr mich da vergessen hättet?"

„Hätten wir nicht!"

„Nie wusste ich, wo ich dich finde. Mal warst du im Garten, dann in der Küche beim Nudeln kochen, dann hast du in Hannes' Arbeitszimmer Bücher ausgepackt ..."

„War es so schlimm?"

„Ja. Und vor allem die blöden Dorfköter. Der große von gegenüber der Jan hieß. Wie kann man bloß Jan heißen?"

„Lucie? Hast du was gegen Fremde?"

„Na klar! Du weißt doch nie, was das für Typen sind!"

„Vielleicht sind die genauso nett wie du, bloß etwas größer und frecher und schneller!"

„Genau! Ich bin froh, dass wir wieder zu Hause sind! Da kann ich wieder an meinem alten Platz liegen. Ein Glück, dass ich jedenfalls nachts mit auf deiner Luftmatratze schlafen konnte. Das war echt schön. Das einzig Schöne!"

„Lucie, du siehst das zu eng. Man muss offen sein für Neues. Sieverstedt ist doch ein schönes Dorf mit all den Wiesen und Feldern und Hecken. Da roch es doch bestimmt nach Mäusen."

„Schon. Aber zu Haus ist zu Haus!"

„Klar! Aber ich sag es dir gleich. In 14 Tagen sind wir alle wieder da zur Einweihung."

„Das darf nicht wahr sein!"

„Du, da wird gegrillt. Da gibt's Würstchen und Frikas und all so 'was. Das ganze Dorf feiert mit."

„Die Hunde auch?"

„Klar: Jan und Bronco und Trixi und wie die alle heißen."

„Ich kriege Alpträume."

„Lucie, es heißt *Alb*träume."

„Wie immer sie heißen, ich habe sie jetzt schon."

„Komm, ich streichle dich ein bisschen!"

„So einfach sind seelische Schäden nicht zu heilen."

„Ich weiß. Komm trotzdem!"

„Na gut."

Die Angst vor Regenschirmen

Es ist Zeit für den Spaziergang mit Lucie. Da es regnet, spanne ich vor der Haustür den Regenschirm auf.

Lucie zittert: „Was ist das? Ich habe Angst!"

„Ach Lucie! Das ist ein Regenschirm. Der tut dir nichts!" Lucie hat – nach dem langen trocknen Sommer – vergessen, wie Regenschirme aussehen.

Als ich den Schirm kurz ablege, um die Haustür abzuschließen, kommt ein Windstoß, erfasst den Schirm und schiebt ihn mit leichten Schürfgeräuschen die Treppe hinunter. Lucie gerät in Panik: „Komm! Schnell weg! Das ist kein Schirm. Das ist ein Monster, das fliegen kann!"

„Tut mir Leid, Lucie! Es war der Wind. Also gut, ich falte den Schirm wieder zusammen, dann ist er wie ein Spazierstock. Macht ja nichts, wenn wir ein bisschen nass werden."

„Stöcke mag ich auch nicht. Peter hat mich damit mal geschlagen!"

„Stimmt. Aber Peter ist jetzt nicht da. Komm, ich passe auf dich auf! Du gehst ganz dicht bei Fuß!"

„Ich habe Angst!"

„Ach Lucie, dann kann ich dir auch nicht helfen!"

„Doch! Lass uns wieder ins Haus gehen, da kann ich mich unterm Sofa verkriechen."

„Das tun wir dann gleich. Aber dies ist eine kleine Mutprobe. Vertrau mir, dann merkst du, dass ein Regenschirm dir nichts tut!"

„Und wenn doch? Wenn er plötzlich wieder aufgeht und fliegt und mich mitnimmt … irgendwohin …?"

„Das tut er nicht. Ganz bestimmt nicht. Außerdem halte ich dich fest an der Leine. Hinterher darfst du den ganzen Abend in meinem Sessel liegen, und ich sitze neben dir auf dem Sofa."

„Wenn ich dann noch lebe!"

„Nun hör aber mal auf, es reicht!"

„Du weißt nicht, wie das ist, wenn man Angst hat!"

„Doch!"

„Hast du auch Angst?“

„Ja.“

„Vor Regenschirmen?“

„Nein, davor nicht, aber vor andern Dingen!“

„Und was tust du, wenn du Angst hast?“

„Dann zittere ich auch und möchte am liebsten weglaufen und mich verstecken. Wie du!“

„Aber wo versteckst du dich dann?“

„Lucie, man kann sich nicht immer verstecken. Ich tue das, was ich tun muss, dann eben *mit* der Angst. Es geht. Glaub mir! Und meistens ist es nicht so schlimm, wie man denkt.“

„Für dich vielleicht. Für Hunde ist es anders: Wir müssen bei Gefahr sofort abhauen, uns verkriechen oder im Rudel untertauchen.“

„Ich weiß. Aber wenn die Gefahr vorbei ist, geht das Leben doch weiter, oder?“

„Klar!“

„Also, dann komm! Ich hab den Regenschirm hier an die Hauswand gestellt.“

„Wirklich? Das ist ja Spitze!“

Stress? Kein Problem!

„Lucie, hör auf mit dem Gejaule! Es nervt! Du kannst jetzt nicht raus. Wir sind mitten auf der Autobahn. Leg dich hin und halt die Klappe. Platz!“

Solche Worte ist Lucie nicht gewohnt. Den scharfen Ton schon gar nicht. Das ist echter Stress für sie.

Was tut sie zu ihrer Entspannung? Sie gähnt. Laut und lang. Danach geht es ihr besser.

„Lucie, du bist unverschämt. Ich schimpfe mit dir, und du gähnst! Unglaublich!“

„Ich vertrag es nicht, wenn du so mit mir redest. Ich höre alles siebenmal so laut. Ich wollte nur raus, es roch so nach Mäusen und Hasen. Jetzt, sofort wollte ich raus, und du fährst einfach weiter!“

„Ich kann hier nicht anhalten. Guck doch mal, wie viele Autos hier fahren. Ich muss sehr aufpassen, das ist ein ziemlicher Stress!“

„Stress? Für dich auch? Dann musst du gähnen. Von Herzen gähnen. Ein paar Mal …“

„Das geht nicht im Straßenverkehr, da muss man die Augen aufhalten und sich konzentrieren, jede Sekunde. Aber da vorn ist ein Parkplatz. Da können wir halten.“

„Prima! Das ist ja alles, was ich wollte. Ich laufe in den Wald, und du gähnst!“

„Aber zurückkommen!“

„Ehrensache! Wie lange kennen wir uns? Du gähnst einfach, bis ich wiederkomme und du ganz entspannt bist und so nett wie sonst.“

„Okay. Du hast ja Recht – wie immer!“

Jede Lebensphase hat ihre Schönheit

Plötzlich bin ich doppelt so alt wie unsere Tochter Susanne (33). Es beginnt also mein dritter Lebensabschnitt. Ich wünsche mir natürlich ein schönes Älterwerden und Alter – ohne zu große Schmerzen und Sorgen.

Die Chinesen verraten uns ihr Geheimnis für ein langes Leben: gesunde Ernährung, viel Bewegung, guter Schlaf und frische Luft. Aber fast noch wichtiger sei es, den Menschen, mit denen wir leben, jeden Tag etwas Freundliches zu sagen. Außerdem: von Herzen zu lachen, das mache gleich zehn Jahre jünger.

Dem kann ich zustimmen. Doch es gibt noch etwas anderes, woraus Heiterkeit und Gelassenheit kommen. Nämlich darauf zu vertrauen, dass unser Leben in Gottes Hand liegt. Heute und morgen.

September

Seit meinem Geburtstag – an einem sonnigen Septembertag – bin ich nun 65 Jahre alt. So schlimm, wie ich befürchtete, ist es nicht. Aber schlimm ist es schon: Als Auto käme ich nicht mehr durch den TÜV. Als Hund wäre ich schon fünfmal gestorben. Als Riesenschildkröte allerdings befände ich mich in den besten Jahren.

Bin ich das nicht auch? Diese 65 Jahre Leben zählen doch mit! Was gab es da alles: ein Studium, Verlobung und Hochzeit, vier Kinder, sieben Jahre Tropen und zwanzig Jahre die Arbeit als Pastorin auf Kreuzfahrtschiffen – irgendwo zwischen Australien und Grönland. Dem Himmel sei Dank für so viel Glück! Wäre all das Sehen und Erleben auf zehn Menschen verteilt, könnte jeder mit Fug und Recht sagen: Es war ein wunderbar erfülltes Leben!

Aber vielleicht geht es ja noch weiter – ähnlich oder ganz anders – fünf Jahre, zehn Jahre und mehr.

Als Konrad Adenauer neunzig wurde, wünschte ihm jemand noch zehn glückliche Jahre. Schlagfertig, wie er war, soll er damals geantwortet haben: „Warum der Güte Gottes Grenzen setzen?“

Aber ein Einschnitt ist der 65. Geburtstag schon: Plötzlich bin ich „Rentnerin“. Das ist allerdings nicht allzu ernst zu nehmen, denn meine Rente reicht gerade für ein gutes Paar Schuhe. Ich werde also weiter arbeiten – vielleicht etwas weniger hektisch mit mehr Pausen und anderen Schwerpunkten. Aber hoffentlich weiterhin mit

Lachen, Singen und Heiterkeit trotz kleiner Gebrechen und mancher Macken.

In Abwandlung des bekannten Lutherwortes könnte ich sagen: „Hier stehe ich. Ich darf jetzt anders. Gott helfe mir! Amen."

Der Knoten im Taschentuch

Auf meinem Nachttisch liegt eigentlich immer irgendein Stift, auch ein kleiner Notizblock, denn kurz vor dem Einschlafen fällt mir oft etwas ein, was ich auf keinen Fall vergessen darf. Ich notiere es dann schnell. Ein Stichwort genügt. Ich kann auch im Dunkeln schreiben.

Aber heute ist der Block nicht da, er wird auf dem Schreibtisch liegen oder in der Küche. Also mache ich einen Knoten in mein Taschentuch. Das tut's auch. Man muss seinem Gedächtnis auch etwas zutrauen. Wenn ich aufwache, wird es mir wieder einfallen. Ich weiß dann, dass es um den Besuch bei Herrn Reimers ging, er wartet schon so lange darauf.

Am Morgen sehe ich das Taschentuch mit dem Knoten neben meinem Bett liegen. Ich wollte an etwas ganz Bestimmtes denken. Aber was war das? Hatte es etwas mit meinem Verlag zu tun? Waren es Dinge, die ich einkaufen musste: Brot, Kaffee, Milch … Wollte ich jemanden anrufen? Betraf es die Kinder? Ging es um eine Veranstaltung? Keine Ahnung! Und der Knoten – festgezurrt – schweigt.

Es wird mir schon wieder einfallen, wenn ich erst ganz

wach bin! Spätestens nach dem Morgenkaffee. Ich stecke die geknotete Gedächtnisstütze in meine Hosentasche.

Aber auch beim Frühstück fällt mir nichts ein. Stattdessen fällt mir ein Stück Brot mit Brombeermarmelade auf meine Hose. Ausgerechnet auf diese: hell und nicht waschbar … Ich versuche es mit Wasser und Bürste, aber das gibt dem Brombeerfleck nur ein tieferes Violett, das getrocknet in ein Altrosa übergeht. Es hilft nichts, die Hose muss in die Reinigung.

Als die Frau hinter dem Ladentisch sie entgegennimmt, meint sie: „Na … Sie haben's ja schon selbst versucht! Das macht es nicht besser. Ich hoffe, wir kriegen den Fleck noch raus! Und hier … Ihr Taschentuch. Da ist ja'n Knoten drin!"

„Ja, ich wollte an etwas ganz Bestimmtes denken. Aber es fällt mir nicht ein."

„Hm. Vielleicht müssen Sie den Knoten lange genug angucken, dann kommt es wieder. Ich kann Ihnen da auch nicht helfen."

In diesem Moment geht die Ladentür auf, ein neuer Kunde kommt. Die Dame von der Reinigung scheint ihn zu kennen.

„Guten Morgen, Herr Reimers! Wollen Sie Ihren Anzug abholen? Der ist super geworden!"

Reimers? Reimers!!! Das war's doch! Ich wollte den alten Reimers – *meinen* Reimers! – heute besuchen!

Welch ein Glücksfall sind Marmeladenflecke! Sie beenden die quälende Grübelei. Nur eines ist noch besser: ein gutes Gedächtnis!

Ein Lied am Morgen gesungen

Danke, Herr, für den guten Schlaf.
Du hast mich behütet.
Danke, dass ich aufstehen kann,
auch wenn der Rücken weh tut
und die ersten Schritte hölzern sind.
Wie wunderbar ist eine heiße Dusche,
danach geht alles viel besser.

Danke für den neuen Tag,
ich bin gespannt, was er bringt.
Ich freue mich auf die Arbeit
am Schreibtisch und im Garten.
Auf die Hausarbeit freue ich mich nicht,
aber auf einen guten Kaffee
und auf dein Wort für diesen Tag.

Gib mir Geduld und Liebe,
wenn Frau Möller nachher wieder kommt
und mir erzählt, wie schlimm alles ist:
das Wetter, das Handgelenk,
ihre Schwägerin, der Zahnarzt.

Danke, dass Kinder und Enkel uns heute besuchen.
Hoffentlich gelingt der Hefekuchen.
Und auch die andere Arbeit.

Was sollte ich mir noch wünschen?
Ich wüsste es nicht.
Ich danke dir, Herr, für so viel Gutes,
für mein Leben, so wie es ist.

Halbfertiges

Ich kannte Frau Menghoff nur so, wie man sich kennt, wenn man in derselben Straße wohnt und einander gelegentlich beim Hundeausführen begegnet. Wir redeten manchmal ein paar Worte über das Wetter: „Kalt heute! Zu nass! Grippewetter. Also dann." Immerhin wusste ich, dass die alte Frau Handarbeiten liebte, das Häkeln ganz besonders. Sie hatte mir davon erzählt – an einem windstillen Tag, wo man etwas länger stehen bleibt. Auch dass ihr Sohn in Süddeutschland lebte und viel zu selten kam.

Nun hatte ich sie schon seit ein paar Wochen nicht gesehen. Vielleicht war sie verreist? Oder krank?

Eines Tages trug man Sessel, Lampen, Tische und Stühle, auch große Kartons an die Straße – zum Abholen für den Sperrmüll. Frau Menghoff war, so erfuhr ich, verstorben.

In einem der Kartons lag ganz obendrauf zwischen Kleidern und Kissen ein Stück blau-weiß-karierter Stoff zusammen mit weißen Häkelbordüren. Einiges war zusammengenäht, anderes lag lose dazwischen. Es hatte wohl eine Tischdecke daraus werden sollen, aber dazu war es nicht mehr gekommen.

Ich spürte einen tiefen Schmerz, so als hätte ich selbst etwas nicht mehr zu Ende bringen können. All die Mühe mit den langen Bordüren! Sie musste Monate daran gehäkelt haben – immer in Vorfreude auf die fertige Decke … auf das erste Kaffeetrinken, vielleicht mit ihrem Sohn. Nun lag es hier am Straßenrand zum Abholen und Wegwerfen.

Ich fragte die Männer, die weitere Dinge aus dem Haus trugen, ob ich den Stoff nehmen dürfte. „Klar! Alles können Sie nehmen! Hat der Sperrmüll weniger Arbeit!"

Zu Hause breitete ich die Teile auf dem Teppich aus. Ein Stoffquadrat fehlte, aber es gab Reststreifen, aus denen ich es ergänzen konnte. Dazwischen sollten die Bordüren wie ein Kreuz eingesetzt werden, eine Seite war bereits angenäht.

Ich habe alles gewaschen, gebügelt und zusammengefügt und spürte dabei so etwas wie Frieden. Dies jedenfalls konnte ich für sie – an ihrer Stelle – noch tun. Ich konnte etwas Halbfertiges zu Ende bringen. Nun gab es wenigstens einen Menschen, der sich an dieser blauweißen Tischdecke freute. Zu besonderen Gelegenheiten würde ich sie aus dem Schrank holen. Unser weißes Geschirr passte gut dazu.

Schade, dass ich Frau Menghoff nicht mehr zu einer Tasse Kaffee einladen kann. Ich hätte es eher tun sollen. Aber vielleicht sieht sie ihr Werk – nun doch vollendet – vom Himmel aus und lächelt.

Das Bedürfnis, etwas zu Ende zu bringen ist groß. Vielleicht steht dahinter die Ahnung und Hoffnung, dass es einmal eine Vollendung geben wird. Nicht nur für unsere Werke, auch für uns selbst und alle Geschöpfe.

Dann – wenn Gott uns an seinen Tisch einlädt – wird es nichts Halbfertiges oder nur halbwegs Gelungenes mehr geben. Auf diesen Tag gehen wir zu – mit jedem Schritt.

Goldene Konfirmation

Es ist Sonntagmorgen, acht Uhr. Die Landstraßen sind noch leer. In den Niederungen hier und da Nebelschwaden, aber die Sonne setzt sich durch.

Pünktlich, wie verabredet, komme ich in Heiligenhafen an. Ich fahre an unserm alten Haus vorbei und parke unterhalb der schönen alten Backsteinkirche. Einige Mitkonfirmanden sind schon da. Neugier, Freude, Beklommenheit: Werde ich überhaupt jemanden wiedererkennen? Fünfzig Jahre sind eine lange Zeit. Wird jemand mich erkennen? Kleine Sträußchen aus Buchs- und Lebensbaum mit Goldspray und weißer Schleife werden uns an die Jacken geheftet. Mit vorsichtigem Lächeln gehen wir aneinander vorbei. Lächeln kann nicht schaden.

Irgendwann sage ich versuchsweise meinen Mädchennamen. Erst als ich hinzufüge: „Erinnerst du dich nicht? Es war das Spielwarengeschäft am Parkteich!"

„Jaaa! Alles klar! Hallo Hanna! Wie geht's? Und da … ist das nicht Gisela?"

„Hallo Gisela! Du hast dich überhaupt nicht verändert. Malst du immer noch? Bist du Malerin geworden?"

„Nein, Organistin!"

„Und dich erkennt man auch sofort an deinem Lachen und deinen Augen!"

Die Rothaarige da, das müsste doch Helga Lange sein von der Bäckerei unserm alten Haus gegenüber. Klar, wer denn sonst! Ich strecke ihr die Hand hin: „Helga! Wie geht's?"

„Hanna! Du siehst ja ganz anders aus. Früher hattest du doch immer einen Pferdeschwanz und lange braune Haare!"

„Stimmt. Aber das ist eine Weile her! Jetzt sind sie grau!"

„Du, wir sehen uns später, der Tag ist ja lang!"

Aber er war natürlich viel zu kurz – wie ein zu schnell abgespulter Film: Wortfetzen, Blicke, Fragen, Umarmungen, Sympathie, Erstaunen, Austausch von Adressen und Telefonnummern. „Ich ruf' dich an! Wir sehen uns in Hamburg!"

Dann der Einzug in die Kirche. Die Gemeinde erhebt sich – wie damals. Aber damals war mir viel beklommener zumute: die ungewohnten Schuhe. Das knisternde Taftkleid, der Maiglöckchenstrauß auf dem Gesangbuch. Wohlgeordnet, zu zweit, schritten wir. (Mit wem gehst du?) Jetzt tragen wir Hosenanzüge oder Kostüme in rot, gelb, taubenblau oder schwarz-weiß. Die zwei Pastoren, die jetzt hier im Amt sind, gehen voran. Vorn – rechts und links – sind drei Reihen für uns reserviert.

Die Orgel setzt ein mit dem ersten Lied: „Tut mir auf die schöne Pforte ..." Schon Tage vorher hatte ich gedacht: Wenn doch dieses Lied gespielt würde! Es gehörte damals so sehr dazu. Und wir singen es tatsächlich. Ich bin überglücklich. Es ist ja noch immer so:

„Ach, wie wird an diesem Orte
meine Seele fröhlich sein.
Hier ist Gottes Angesicht.
Hier ist lauter Trost und Licht."

Und dann die Bitte:

„Ich bin, Herr, zu dir gekommen,
komme du nun auch zu mir ..."

Ich brauche für dieses Lied kein Gesangbuch. Es ist in meinem Herzen.

Nach der Predigt die Abendmahlsfeier. Und ich denke wieder an die Emmausgeschichte: „Brannte nicht unser Herz in uns, als er mit uns redete ..." Damals brannte der Schluck Abendmahlswein mir im Hals. Ich hatte vorher noch nie Wein getrunken. Heute gab es Traubensaft.

Damals sangen wir zum Schluss:

„Bei dir Jesus, will ich bleiben,
stets in deinem Dienste stehn ...
Nichts soll mich von dir vertreiben,
will auf deinen Wegen gehn ..."

Ein großes Versprechen. Heute singen wir: „Nun danket alle Gott" – und das kommt ja auch von Herzen.

Anschließend das Gruppenfoto für die Heiligenhafener Post. Danach Sektempfang und Mittagessen im Kurhaus am Strand. Es gibt Rotkohl und Rouladen. Ich wäre eigentlich lieber schwimmen gegangen. Mein Badeanzug liegt im Auto.

Wir sitzen an weiß gedeckten Tischen. Zunächst werden in alphabetischer Reihenfolge die Urkunden überreicht. Spätestens jetzt, als die Namen laut vorgelesen werden, erkennen wir uns wieder: Wir laufen aufeinander zu:

„Elsbeth!"

„Monika!"

„Ingrid!"

„Regine!"

„Wohnst du noch in Heiligenhafen?"

„Ja, und du?"

„In Hamburg? Was machst du da? Du bist Pastorin?"

Mein Beruf wird freundlich nickend zur Kenntnis genommen. Als ich meine Arbeit auf Kreuzfahrtschiffen erwähne, steigt das Interesse deutlich an: „Dann hast du ja viel gesehen! Australien? Indonesien? Toll!"

Sie gucken auf meine Visitenkarte. „Und wieso bist du Autorin? Schreibst du Bücher?"

„Ja."

„Wahnsinn!"

Für die meisten ist das Leben etwas geordneter verlaufen: Schulabschluss, Lehre, Heirat, Hausfrau. So gehört es sich.

Bevor wir uns irgendwann verabschieden, gehe ich noch zu den beiden Pastoren und setze mich auf den freien Stuhl ihnen gegenüber. Als sie mich fragend ansehen, sage ich: „Am Tag der goldenen Konfirmation darf man sich doch etwas wünschen, nicht?"

Beide gucken leicht verunsichert und sagen zögernd: „Jaaaah."

„Es ist nichts Schlimmes. Ich bin ja eine Kollegin von Ihnen, und ich wünschte mir so sehr, einmal in der schönen Heiligenhafener Kirche einen Gottesdienst zu halten."

Erleichterung. „Das können wir machen. Klar, warum nicht? Wann denn?"

„Vielleicht im Januar. Da ist der Kalender nicht so voll."

„Gut, wir telefonieren miteinander!"

Ich gebe ihnen meine Karte und freue mich halbtot. Die ganze Welt könnte ich umarmen. Meine Mitkonfirmanden sowieso. Auch die, die ich früher nicht leiden konnte. So ändern sich die Dinge. Die Menschen haben sich gar nicht so sehr verändert: Gesine war schon immer schüchtern. Ingrid frech wie Oskar. Und Gerda redete ohne Ende.

Kurz bevor ich gehen will, kommt – ergraut und würdig – ein Konfirmand auf mich zu: „Kennst du mich noch? Nein? Ich bin doch Christian König! Wir waren doch mal in einer Klasse!"

„Tut mir Leid. Ich erinnere mich nicht."

„Und ich hab dich immer so verehrt. Ich war in dich verliebt, aber ich mochte es dir nicht sagen … Ich würde dich heut noch heiraten!"

„Christian … zu spät! Ich habe mein Glück gefunden!“

Aber welch wunderbarer Abschluss des Tages: ein Heiratsantrag nach 50 Jahren!

Was würden Sie anders machen?

„Wenn Sie Ihr Leben noch einmal vor sich hätten – was würden Sie anders machen?“, fragte eine Journalistin.

„Eigentlich nichts. Jedenfalls nicht viel. Ich würde wieder Theologie studieren, auch Germanistik und Philosophie. Wieder heiraten und Kinder haben. Vielleicht würde ich mir noch mehr Zeit für die Kinder nehmen. Was mich persönlich betrifft: Sport wäre gut, mehr Zeit für Musik. Gern hätte ich Orgel spielen gelernt. Aber in meinem Beruf als Pastorin und Autorin würde ich wieder arbeiten. Für mich gibt es nichts Schöneres. Ich würde öfter ‚danke' sagen. Danke, Herr, für mein Leben und all das Gute! Jeden Tag, nicht nur manchmal … Aber einiges davon kann ich ja vielleicht noch tun. Ich habe zwar nicht mein ganzes Leben vor mir, aber vielleicht doch einige Jahre! Und selbst wenn es nur kurze Zeit wäre: Es ist ja nie zu spät, ab morgen manches anders zu machen.“

Die Journalistin unterbrach mich: „Sie meinen, es ist nie zu spät? Man hat immer noch eine Chance?“

„Ja, solange wir leben, gibt es doch die Möglichkeit, Dinge anders zu machen. Natürlich ist die Zeit der Kindererziehung vorbei, und mit dem Orgel spielen wird es wohl auch nichts mehr. Aber jeder neue Morgen ist doch eine Chance, etwas zu tun, was man noch nie getan hat. Etwas Neues zu denken, zu planen, zu glauben. Immer ruft Gott uns zu: Steh auf und geh. Komm heraus aus dem, was dich einengt und krank macht! Hab keine Angst! Ich mache alles neu."

„Das klingt gut. Und was werden Sie *heute* Neues ausprobieren?", wollte die Journalistin wissen.

„Heute? Heute werde ich das Fell meiner Hündin gegen den Strich bürsten und ihr erklären: ‚Schluss mit Winterschlaf und Faulheit! Ich nehme mein Fahrrad und du läufst nebenher!' Aber vielleicht fange ich auch erst morgen damit an. – Und wir beide essen jetzt erst einmal zu Mittag."

„Gute Idee! Etwas Neues für mich. Ich wäre sonst gleich zurück in die Redaktion gefahren!"

Graue Haare – graue Herzen?

Es ist Ende September – ein sonniger Tag. Das Blau des Himmels hat eine Klarheit, die es nur in dieser Jahreszeit gibt. In der Kiefer vor meinem Fenster zwitschert eine Meise, so unüberhörbar laut, so kräftig und entschlossen, wie Meisen es sonst nur im Frühling tun, um sich ihre Nistplätze zu sichern.

Aber es ist Herbst! Sie singt, als würde das Leben mit diesem Morgen beginnen. In ein paar Wochen werden die Bäume kahl sein und der Boden gefroren – vielleicht schon in ein paar Tagen! Aber heute wärmt die Sonne ihr Gefieder und dringt bis ins Herz.

Noëlle Châtelet erzählt in ihrem Buch: „Die Klatschmohnfrau“ von der siebzigjährigen Marthe, die als Witwe ein völlig zurückgezogenes Leben führt. Fast fünfzig Jahre war sie mit Edmond verheiratet, einem Mann, den ihr Vater für sie ausgesucht hatte. Dann lernt sie Felix kennen. Es ist Liebe auf den ersten Blick. Marthes erste große Liebe. Felix, der Maler, ist noch einmal zehn Jahre älter, wirbelt ihr Leben völlig durcheinander.

„Seit Felix' Sinne mit den ihren verschmolzen sind und ihre Seelen im gleichen Takt schlagen, haben sich Marthes Empfindungen verdoppelt, vervielfacht.

Diese Zweisamkeit erweitert ihr Empfindungsvermögen in den kleinsten Dingen des Alltags, den harmlosesten Gesten, wenn sie etwa einen Teller spült oder sich mit der Nagelschere die Fingernägel über der Glasplatte im Badezimmer schneidet. Nicht mehr allein zu handeln, allein zu denken, lässt sie die Einsamkeit ermessen, in der sie mit und anschließend ohne Edmond gelebt hat. Es muss ein Zwischendasein gewesen sein, eine lange Wartezeit in Schwarzweiß und ohne Worte. Der Farbfilm ihres Lebens hat erst jetzt begonnen.“

Dorothea Schlegel schreibt an ihre Freundin Friederike Herz:

„Lass den Überdruss des Lebens nicht beherrschend werden, ich bitte Dich darum, sondern denke, dass dieses arme Leben weder Dein Eigentum noch Dir zur willkürlichen Benutzung oder zur angenehmen Beschäftigung verliehen worden ist: jeder Tag desselben ist ein Kleinod der Gnade, ein Kapital, das Du weder vergraben noch von Dir werfen darfst."

Wie mühsam das Alter sein kann, wenn es keine Freude und Liebe mehr gibt, wird deutlich in dem Buch „Eine gebrochene Frau" von Simone de Beauvoir:

„Was für einen unnützen Energieaufwand erfordern alle, auch die einfachsten, Verrichtungen, wenn man die Freude am Leben verloren hat. Abends stelle ich eine Teekanne, die Tasse, den Wasserkessel zurecht, bereite alles sorgsam vor, damit der nächste Tag mit möglichst wenig Anstrengung beginnt. Und trotzdem bringe ich morgens kaum die Kraft auf, aus dem Bett zu steigen und dem nächsten Tag ins Auge zu sehen …

Wie soll ich leben, wenn ich an nichts glauben kann, nicht einmal an mich selbst."

Paul Gerhardt (1647) singt ein Lied gegen die dunklen Schatten von Depression und Angst:

„Wach auf mein Herz und singe
dem Schöpfer aller Dinge,
dem Geber aller Güter,
dem frommen Menschenhüter.

Heut als die dunklen Schatten
mich ganz umgeben hatten,
hat Satan mein begehret,
Gott aber hat's gewehret.

Du sprachst: mein Kind, nun liege,
trotz dem, der dich betrüge,
schlaf wohl, lass dir nicht grauen,
du sollst die Sonne schauen.

Dein Wort, das ist geschehen:
Ich kann das Licht noch sehen,
von Not bin ich befreiet,
dein Schutz hat mich erneuet.

So wollst du nun vollenden
dein Werk an mir und senden,
der mich an diesem Tage
auf seinen Händen trage.

Sprich Ja zu meinen Taten,
hilf selbst das Beste raten,
den Anfang, Mitt und Ende
ach, Herr, zum Besten wende.

Mich segne, mich behüte,
mein Herz sei deine Hütte,
dein Wort sei meine Speise,
bis ich gen Himmel reise.

Und Wiesen gibt es noch

Und Wiesen gibt es noch
und Bäume
und Sonnenuntergänge
und Meer
und Steine
und das Wort
das Lied
und Menschen

Rose Ausländer

Was das Herz begehrt

Märchen beginnen oft mit den Worten: „In den alten Zeiten, wo das Wünschen noch geholfen hat“ … lebte ein König, ein armer Holzfäller, ein Müller usw. Und dann wird erzählt, wie große Wünsche trotz aller Hindernisse erfüllt wurden.

Im Märchen ist alles möglich. Im wirklichen Leben auch? Es ist wichtig, große Wünsche zu haben, damit der Lebensentwurf nicht zu kümmerlich gerät. Vielleicht begegnet mir nur das, worauf ich hoffe.

Es gibt ein altes Lied – vor über 2000 Jahren geschrieben –, das Mut macht zum Wünschen und Hoffen. Da heißt es:

„Habe deine Lust am Herrn.
Er wird dir geben,
was dein Herz wünscht.“
Psalm 37,4

Was sind denn meine Herzenswünsche? Kenne ich sie noch? Oder sind sie untergegangen, vergraben, verschüttet unter den Mühen und Plagen des Alltags? Wünsche am Leben zu erhalten, braucht viel Kraft.

Oft geht es uns so, wie es in einer jüdischen Legende erzählt wird: Ein König hatte seinen Sohn ins Exil geschickt, wo er viele Jahre unter Hunger und Kälte litt. Als dann endlich ein Abgesandter des Vaters kam und dem Prinzen anbot: „Wünsche dir, was du willst! Es soll dir gewährt werden", da lautete seine Antwort: „Gib mir ein Stück Brot und einen warmen Mantel." Der Prinz hatte ganz vergessen, wer er war und dass er an den Hof seines Vaters hätte zurückkehren können.

Von einem Mann, der seinen Wunsch nicht aufgab und dafür sogar auf einen Baum kletterte, erzählt das Matthäusevangelium. Es war der Zollbeamte Zachäus. Hätte er nicht den großen Wunsch gehabt, Jesus zu sehen, wäre sein Leben geblieben, wie es war: einzig und allein darauf ausgerichtet, Geld anzuhäufen.

Zachäus muss wohl schon vorher von Jesus gehört haben. Denn als bekannt wurde, dass Jesus nach Jericho kam, wollte er ihn unbedingt sehen. Weil er klein von Gestalt war, kletterte er kurz entschlossen auf einen Maulbeerbaum. Manchmal muss man der Erfüllung eines Wunsches etwas nachhelfen.

Aber dann war es Jesus, der ihn zuerst sah: „Zachäus, komm herunter! Ich will zu dir in dein Haus kommen und dein Gast sein!"

Fasse es, wer kann! Niemand wollte Gast oder Freund des Zachäus sein. Er war wegen seiner Betrügereien verhasst. Aber nun saß Jesus an seinem Tisch. Sie aßen und redeten miteinander. Es kam ihm vor wie der Himmel auf Erden. Und das war es ja auch. Zachäus – ganz und gar verwandelt – beschloss, begangenes Unrecht wieder gutzumachen. Das Geld zurückzugeben. Vierfach! Er brauchte all das Zusammengeraffte nicht mehr, weil die Zuwendung Jesu sein Herz ganz ausfüllte.

Große Wünsche sind wichtig. Aber wenn es nun ganz unsinnige Wünsche sind, deren Erfüllung uns nur schaden würde?

Eine griechische Sage erzählt, dass König Midas den Gott Dionysos gebeten habe: „Alles, was ich anfasse, soll zu Gold werden!" Und so geschah es. Das Wasser zum Waschen: Flüssiges Gold! Ebenso der Wein. Das Brot: Gold. Er wäre an der Erfüllung seines Wunsches gestorben, wenn Dionysos ihm nicht geboten hätte, sich durch das Baden in einem Fluss von seinen Wünschen zu reinigen.

Und was geschieht mit unseren Wünschen? Werden auch sie von Gott gereinigt?

Ich glaube, wer seine Wünsche als Bitten vor Gott bringt, erfährt, dass Gott sie hört und verwandelt. Da teilen sich wichtig oder unwichtig anders auf. Im Gespräch mit Gott und im Hören auf sein Wort werden unsere Bitten am Vaterunser ausgerichtet, so dass ich sage: Herr, *dein* Name, *dein* Reich, *dein* Wille. *Dein* ist die Kraft und die Herrlichkeit in Ewigkeit.

Meine Wünsche sind damit nicht durchgestrichen. Sie werden einbezogen in die große Bitte der Christenheit: Dein Reich komme.

Aber auch verwandelte Wünsche, Bitten „im Namen Jesu" werden nicht sofort erfüllt. Darum heißt es in Psalm 37: „Befiehl dem Herrn deine Wege" – und deine Wünsche. Sei still. Hoffe auf ihn. Warte. Er wird es so machen, dass du dich wundern wirst.

Und wenn das Warten und Hoffen kein Ende nimmt?

Dann bin ich für lange Zeit – vielleicht lebenslang – mit meinem Warten und Hoffen vor Gottes Angesicht, ihm ganz nahe. Ist das nicht mehr, als ich mir wünschen könnte?

Darum heißt es: „Habe deine Lust am Herrn." Freue dich vor deinem Gott. Sei fröhlich. Rede mit ihm. Bei ihm bist du gut aufgehoben. Jetzt und für immer. Und vertraue ihm. Vielleicht wird dein Wunsch anders erfüllt, als du dachtest. Und zu anderer Zeit, als du schon nicht mehr daran dachtest. Gott weiß, wonach dein Herz sich sehnt. Und er vergisst keinen Wunsch und keinen Menschen. Wie könnte er? Unsere Namen sind in seine Hand geschrieben.

Und wenn schon Menschen sich gegenseitig Wünsche erfüllen, wenn schon ein Vater seinem Sohn, der um Brot bittet, keinen Stein gibt: „Wieviel mehr wird euer Vater im Himmel denen Gutes geben, die ihn bitten", sagt Jesus (Matthäus 7,11).

So segnet keine andre Hand

Unser Gedächtnis arbeitet merkwürdig: Schweres und Schmerzliches behält es jahrelang. Schöne Erlebnisse werden hingegen schnell vergessen und von anderen Erfahrungen überlagert.

Ich denke an Frau Martens. Wir trafen uns zu einem Wochenende in der Nähe von Marburg. Sie war im Vorjahr auch dabei gewesen. Es hatte den Teilnehmerinnen gut gefallen. Als Frau Martens mich sah, war das erste, was sie sagte: „Ach … wissen Sie noch letztes Jahr? Da waren die Kartoffeln so schlecht gekocht!“ Unerfreuliches prägt sich offenbar tiefer ein.

Psalm 103 – ein altes Lied – fordert uns auf, *das Gute* im Gedächtnis zu behalten und dafür zu danken: „Lobe den Herrn, meine Seele, und vergiss nicht, was er dir Gutes getan hat.“

An das „Gute“ denken wir vielleicht am Geburtstag, am Ende des Jahres, an einem Hochzeitstag oder bei anderen besonderen Ereignissen. Dann empfinden wir Dank und sagen: Für deine Bewahrung, für so viel Segen und Glück danke ich dir, Herr! Oder kürzer: Gott sei Dank bin ich gesund geblieben! Ich habe Glück gehabt bei dem Unfall. Ich bin gnädig davongekommen. Ein Glück, dass ich das Examen geschafft habe!

In all dem klingt an, dass der Segen des Himmels ganz unverzichtbar ist.

So stand es früher an den Häusern: „An Gottes Segen ist alles gelegen.“

Ganz besonders gesegnet wusste sich Matthias Claudius. Er schrieb für seine Frau Rebekka zur Silberhochzeit ein Gedicht. Da heißt es mittendrin:

„Ich war wohl klug, dass ich dich fand,
doch fand ich nicht. Gott hat dich mir gegeben.
So segnet keine andre Hand.“

Die Liebe zu seiner Frau war so groß, dass er sich sogar wünschte, er wäre schon bei ihrer Geburt dabei gewesen:

„Wo war ich doch vor dreißig Jahr,
als deine Mutter dich gebar?
Wär' ich doch da gewesen!
Gelauert hätt' ich an der Tür
auf dein Geschrei, und für und für
gebetet und gelesen."

Dankbar ist Matthias Claudius für den vielfältigen Segen Gottes in seinem Leben: für seine große Familie, für Bewahrung und Hilfe, für die Schönheit der Schöpfung. Die Wunder der Natur sollen wir mit wachen Sinnen wahrnehmen. So schreibt er in einem Morgenlied:

„Kommt, Kinder, wischt die Augen aus,
es gibt hier was zu sehen …"

Aber Segen ist nicht immer sichtbar. Segen kann heißen – und das zeigt die Abrahamsgeschichte – dass einer im Vertrauen auf Gott alles hergeben muss und dann alles überreichlich zurückbekommt.

Wer dem folgt, was er als Ruf von Gott vernommen hat („Geh in ein Land, das ich dir zeigen werde"), der hat Leben und Zukunft. Gesegnetes Leben.

Segen setzt in Bewegung. Gott mutet uns zu, das Gewohnte, Abgesicherte und Bequeme zu verlassen und zu tun, wozu er uns ruft. Wir haben Bedenken: Ich bin zu jung. Zu alt. Zu schwach. Zu schwach auch im Glauben. Aber Gott sagt: Steh auf und geh! Ich bin an deiner Seite.

Mir hilft es zu wissen, dass Gott immer schon da ist, wohin er uns sendet. Dass er Wege ebnet und Türen öffnet. Und wenn Menschen dann ein wenig zuversichtlicher und mutiger werden, weil sie darauf vertrauen, dass Gott dieses Leben mit uns lebt, dann freue ich mich und danke Gott für so viel Segen. Welche Gnade ist es, leben zu dürfen und Gottes Zuwendung und Treue immer neu zu erfahren.

So segnet keine andre Hand.

Wer hofft, lebt anders

„Wo Glaube ist, ist Hoffnung. Und wo Hoffnung ist, geschehen Wunder."

Dieser Satz steht nicht etwa in der Bibel, sondern auf einer Dose, die eine Creme gegen Falten enthält. Die Werbung hat längst herausgefunden, dass Menschen mehr brauchen als eine faltenfreie Haut. Wichtig ist ein besseres Lebensgefühl, Orientierungshilfe, Zuversicht.

Kosmetikprodukte geben dieses Versprechen. Aber können sie es halten? Wie soll eine Ware, etwas Materielles, innere Leere füllen?

In einem alten Gebet – Psalm 32 – steht der schöne Satz: „Wer auf Gott hofft, den wird Güte umfangen."

Hoffnungszeichen

Hoffnungszeichen sind in unser Leben eingestreut wie Lichtpunkte, die sich manchmal verdichten und zu anderen Zeiten ganz fehlen. Wenn wir in diesen Zeichen etwas von Gottes Zuwendung zu uns wahrnehmen können, ist das Glück groß. Wer Hoffnung hat, lebt anders.

Wenn ich es nicht wüsste, könnte ich das von unserer Hündin Lucie lernen. Jagt sie zum Beispiel hinter Wildkaninchen her, so ist ihre Stimme ganz verändert: Sie bellt in hohen begeisterten Tönen und fliegt geradezu über die Ackerfurchen. Hindernisse gibt es nicht. Erschöpfung auch nicht. Auf einer Asphaltstraße dagegen trottet sie neben mir her, als wollte sie sagen: „Was soll das Ganze? Nichts Gutes in Sicht."

Hoffnung gibt dem Leben Glanz. Unsere Hoffnung reicht über die Erde hinaus bis zum Himmel. Sie hält sich an das, was Gott uns versprochen hat: Wir sollen teilhaben an seiner Herrlichkeit. Einmal wird es keine Schmerzen und Ängste, keinen Tod mehr geben. Jesus Christus – der auferstandene Herr – ist Grund und Garant dieser Hoffnung.

Wir aber sind verantwortlich für das, was wir glauben und hoffen, worauf wir hören und wovon wir leben.

Es ist gut, so etwas wie eine kleine „Hausapotheke" für schwere Zeiten anzulegen, in der wir sammeln, was Zuversicht schenkt: Lieder, Worte, Geschichten, Bilder, Erlebnisse. Etwas, worauf man zurückgreifen kann.

Der alte Bücherschrank

Immer hoffe ich auf etwas Gutes. Anders könnte ich gar nicht leben. Ich hoffe für unsere Kinder, für meinen Mann und mich, dass wir glücklich und bewahrt bleiben. Wenn ich in die Stadt fahre, hoffe ich auf ein Schnäppchen. Wenn ich arbeite, auf gutes Gelingen. Aber am stärksten hoffe ich, dass mir vom Himmel her immer neu etwas Gutes, Überraschendes zufällt, etwas, das mir neue Lebenskraft und Freude schenkt. Und wenn es dann geschieht, ist es oft viel alltäglicher als erwartet.

Ich war in einer kleinen Stadt südlich der Elbe. Die Landfrauen hatten mich zu einem Vortrag eingeladen. Anschließend – weil noch etwas Zeit war – lief ich durch die Fußgängerzone, um Brot, Salat und Hundefutter zu kaufen. Vor dem Schaufenster eines Antikladens blieb ich stehen. Dieser Bücherschrank da … wunderschön! – er faszinierte mich auf Anhieb. Lange schon war ich auf der Suche nach einem solchen Schrank. Das alte Kirschholz hatte so einen warmen Glanz.

Ich weiß nicht, wie ich in den Laden hineingekommen bin (wahrscheinlich durch die Tür), aber plötzlich stand ich davor und ließ meine Finger über das Holz gleiten. „Kann ich Ihnen helfen?“, fragte eine Stimme hinter mir.

Ich sagte, ohne den Blick vom Schrank abzuwenden: „Ich glaube, mir ist nicht mehr zu helfen. Ich habe mich in diesen Schrank verliebt!“ Das war natürlich ganz falsch. Ich hätte sagen sollen: „Was soll denn dieses wackelige Ding da kosten?“ Zu spät!

Mit leuchtenden Augen nannte der Ladenbesitzer einen Preis, der mich rückwärts wieder zur Tür hinaustrieb. Ich würde es mir überlegen. Und eigentlich wollte ich ja auch nur Brot, Salat und Hundefutter kaufen.

Die Besorgungen waren schnell erledigt. Ich war gar nicht bei der Sache. Es zog mich zu meinem Schrank zurück. Wir verhandelten erneut, diesmal ernsthaft und wurden uns einig. Der Schrank musste noch restauriert werden, in drei Wochen könnte ich ihn haben.

„Gut, wir holen ihn ab!“ Ich konnte mein Glück kaum verbergen. Von nun an lebte ich meinem Schrank entgegen.

Zum Abholen – schwarzer Blazer, roter Seidenschal – begleitete mein Mann mich. Der Schrank war schön. Fast so schön wie in meinen Träumen. Aber er passte nicht ins Auto, und wegen des Regens konnten wir auch nicht mit offener Heckklappe fahren. Herr Ludwig bot an, ihn zu bringen. In vierzehn Tagen käme er sowieso nach Hamburg. Weitere zwei Wochen warten!

Für die geschäftlichen Dinge gingen wir zu seinem Schreibtisch, der mitten im Laden stand. Dort lag – zu meiner Überraschung eine große Bibel, daneben ein Stapel christlicher Bücher. Herr Ludwig hatte inzwischen erfahren, dass wir Theologen waren, und so griff er beim Abschied nach einem der Bücher: „Hier! Das ist für Sie … Ich lese es immer wieder, es bedeutet mir viel!“

„Danke, vielen Dank!“

Auf der Rückfahrt – mein Mann saß am Steuer – blätterte ich darin, schon um meine Schrankenttäuschung zu überwinden. Ich dachte: ein altes Buch, veraltete Sprache … nicht mein Ding! Aber aus Höflichkeit las ich weiter. Meine Abneigung wuchs. Aber dann fand ich im Kleingedruckten einen Abschnitt von Stanley Jones, einem früheren Indienmissionar, wo es hieß, unser Leben müsse Hingabe sein, Hingabe an Christus, immer wieder.

Dieser Satz traf mich tief. Erinnerte Gott mich hier an etwas, was ich bei all meiner Arbeit verloren hatte? Ich war tief glücklich und konnte auf der ganzen Fahrt nichts anderes denken. Gottes Reden mit uns: eine Quelle der Freude und Hoffnung. Der Hoffnung nämlich, dass Gott in seiner Treue nicht aufhört, mich zu fragen, zu erinnern, zu ermutigen. Und all das geschieht ganz unscheinbar – im Kleingedruckten eines Buches, das mir jemand schenkt, weil ich einen Bücherschrank gekauft hatte, der so einen warmen Glanz besaß.

Luft zum Atmen

Ich kann nicht verhindern, dass mein Herz manchmal leer und ohne Freude ist – weit weg von Gott. Aber ich kann zuhören, was Menschen mir von ihrem Leben erzählen. Ihre Freude steckt an, ihre Hoffnung macht Mut.

Ich telefonierte mit einem langjährigen Freund und fragte: „Wie geht es dir mit deiner Migräne? Hast du noch so viele Schmerzen?"

Er sagte: „Ja, die Schmerzen sind noch da. Aber, weißt du, manchmal gibt es Augenblicke, wo Gott mir so nahe ist, dass meine Schmerzen ganz von seiner Liebe umhüllt sind. Es ist, als ob Gott mich liebevoll umarmt, und in dieser Umarmung lösen sich die Schmerzen auf. Gottes Gegenwart ist dann stärker als der Schmerz. Dann weiß ich, wie es einmal sein wird, wenn Gott alle Tränen abwischen und kein Geschrei mehr sein wird. Solche Augenblicke geben mir Kraft und Luft zum Atmen. Ich habe noch Schmerzen, aber Gott unterbricht sie dann und wann. Gerade so, als ob er sagte: „Es ist Raum bei mir, da kannst du stehen …" (2. Mose 33,21).

Verborgene Zeichen

Manchmal sind Hoffnungszeichen ganz nah, aber sehr verborgen. Ich ging mit unserer Hündin Lucie durch die Baumschule gleich hinter unserm Haus. Alles triefte vor Nässe. Ein trüber Novembertag. Die Sonnenblumen auf dem Feld waren längst verblüht, ihre Stiele fahl und abgeknickt, staksig wie Heuschreckenbeine. Ein wildes Durcheinander. Die Köpfe mit der schweren Saat lagen auf der Erde.

Plötzlich flog ein Schwarm von Grünfinken aus dem Feld auf. Sie hatten genüsslich von den Kernen gefressen.

Für sie war dies ein Paradies. Trostloses ist nicht nur trostlos. Aus den zu Boden gefallenen Kernen werden im nächsten Jahr herrliche Sonnenblumen wachsen. Ihr Gelb wird wie das Licht der Sonne sein.

Und ich denke: Einem solchen Glanz – und viel größerer Herrlichkeit – gehen auch wir entgegen, wenn Gott uns aus unserer Vergänglichkeit in ein Leben ruft, das nicht mehr vergeht. Was wir sehen, ist Tod und Vergehen. Was wir hoffen, ist Auferstehung. Wir hoffen zu Recht, weil der auferstandene Christus schon jetzt verborgen unter uns ist.

Martin Luther hat es so formuliert: „Denn das ist des Glaubens besondere Art, dass er damit umgeht und das glaubt, was noch nicht gegenwärtig ist. Denn was vorhanden ist, braucht man nicht zu glauben; man fühlt's und sieht's."

Ein Engel Gottes

Von einem Besuch des Katharinenklosters am Sinai habe ich mir eine Ikone mitgebracht. Es ist die Darstellung der „Drei Männer im Feuerofen". Von ihnen wird im dritten Kapitel des Danielbuches erzählt. Weil sie als Juden den Gott Nebukadnezars nicht anbeten wollten, wurden sie in ihren Mänteln, Hosen, Hüten, wie es heißt – in ihrer ganzen Kleidung gebunden und in den glühenden Ofen geworfen.

Aber plötzlich sieht der König nicht drei, sondern vier

Männer unversehrt im Feuer umhergehen. Der vierte erscheint ihm „wie ein Sohn der Götter". Später erkennt Nebukadnezar: Das war ein Engel – von Gott gesandt, um die Männer, die ihm vertraut hatten, zu retten. Der Engel wehrt dem Feuer mit einem langen Schwert. Wie wunderbar diese Rettung war, wird ganz anschaulich beschrieben: Weder ihr Haar war versengt noch die Mäntel, ja man konnte keinen Brand an ihnen riechen. Von solch einem Gott kann es nur heißen: „Seine Zeichen sind groß, und seine Wunder sind mächtig."

Ich habe dieses Bild in mein Arbeitszimmer gehängt. Denn auch ich hoffe auf einen Engel Gottes, der kommt, wenn mein Leben in Gefahr ist.

Wenn Hoffnung zerbricht

Es gibt eine Tiefe der Verzweiflung, in der keine Kraft zum Hoffen mehr da ist, wo Klage und Anklage alles beherrschen.

Hiob klagt Gott selbst an: „Er hat mich zerbrochen und meine Hoffnung ausgerissen wie einen Baum." Dennoch hofft er von diesem Gott, den er als Feind erlebt, dass er sich als Anwalt zu seiner Verteidigung erheben wird, und nennt ihn seinen Erlöser: „Ich weiß, dass mein Erlöser lebt."

Ganz zuversichtlich glaubt er, Gott einmal zu sehen: „Und ist meine Haut noch so zerschlagen und mein Fleisch dahingeschwunden, so werde ich doch Gott sehen. Meine Augen werden ihn schauen und kein Fremder. Danach sehnt sich mein Herz in meiner Brust."

Sehnsucht und Hoffnung sterben erst mit dem Menschen.

Jesus ruft in seiner schwersten Stunde am Kreuz: „Mein Gott, mein Gott, warum hast du mich verlassen?" Und er erfährt, dass Gottes Hand ihn hält und durch den Tod hindurch ins Leben trägt. Das hat er auch uns versprochen.

Mut vom Himmel

Hoffnung ist Geschenk, eine Zuversicht, die von Gott kommt. Sie speist sich aus den Erfahrungen von Gottes Treue. Ein Mensch, der sagen kann: „Gott hat mich bewahrt. Er hat mich getröstet und mir geholfen. Er hat mit mir geredet" – der kann sagen: „Auf ihn will ich hoffen, nach ihm Ausschau halten. Er wird an meiner Seite bleiben, auch wenn ich nichts davon spüre."

Hoffnungszeichen liegen nicht – jederzeit greifbar – auf der Straße. Aber vielleicht gibt Gott uns viel mehr Zeichen als wir wahrnehmen, weil wir immer so sehr mit uns selbst beschäftigt sind. Vielleicht laufen wir an dem Guten vorbei, das er uns zeigen und schenken wollte.

Wenn uns Hoffnung fehlt, sollen wir Gott um Hoffnung bitten und haben das Versprechen, nicht leer auszugehen: „Bittet, so werdet ihr nehmen, dass eure Freude vollkommen sei" (Johannes 26,49). Wenn wir aber bitten, sind wir schon ganz nah bei Gott, an einem Ort also, wo Hoffnung neu wachsen kann.

Das Bitten kann auch ein Singen oder Spielen sein. Lieder helfen. Manchmal nehme ich meine Flöte und spiele einige meiner Lieblingslieder, zum Beispiel das alte Lied in der schönen Bach'schen Vertonung: „Gott lebet noch, Seele was verzagst du doch?“ Da steigt die Melodie fast bis zum Himmel auf und reißt mich mit:

Wenn die Hoffnung dünn wird und Zuversicht fehlt, wenn ein Mensch sagt: „Ich schaffe es nicht! Ich habe keine Kraft und keinen Mut mehr“, dann sagt Gott: „Ich will ein Neues schaffen. Ich mache einen Weg in der Wüste und Wasserströme in der Einöde.“ Und wir sagen: „Herr, ich glaube. Hilf meinem Unglauben!“

Oswald Chambers rät: „Sieh zu, dass du Raum lässt für Gott. Erwarte ihn nicht auf einem bestimmten Wege. Aber erwarte ihn.“

Lachen und Weinen hat seine Zeit

Worte aus meiner Hausapotheke

Manche Menschen sammeln Briefmarken, andere Biergläser. Meine Nachbarin hat eine Vorliebe für Eulen. Mit der berühmten Eule aus Athen fing es an. Jetzt ist der ganze Schrank voll.

Ich sammle Steine aus aller Welt und seit vielen Jahren auch Worte und Geschichten, die mir etwas bedeuten. Es sind Worte der Bibel, Verse von Dichtern, Anekdoten, Weisheitssprüche, die mir irgendwo begegnet sind. Friedlich vereint liegen sie in einem großen Kasten auf meinem Schreibtisch. Es ist so eine Art Hausapotheke. Denn manche Worte sind wie Heilmittel: Sie lindern Schmerzen und Kummer. Andere bringen mich zum Lachen und sind erfrischend wie ein Glas Wasser, anregend wie ein guter Kaffee. Muntermacher für Herz und Seele, weil sie uns sagen, dass der Himmel es gut mit uns meint.

Glück

Das Wort „Glück“ kommt – laut Lexikon – von dem Wort: „Luke“. Bei einer Luke kommt es darauf an, dass Klappe und Öffnung gut aufeinander passen, sich gut treffen. Darum sagen wir: Das passt, es trifft sich gut. Oder: Es hat geklappt. Es ist geglückt.

„Viel Glück!“ heißt im Englischen: „Good luck!“ Da ist das Wort „Luke“ noch deutlicher erkennbar.

Es gibt Christen, die geistlicher sein wollen als Gott selbst. Sie reden gern von Kampf, Entsagen, Leiden und Kreuz. Aber es ist ihnen fast peinlich, dass die Heilige Schrift eben nicht nur davon, sondern gar nicht oft genug von dem Glück der Frommen, von dem Wohlergehen der Gerechten sprechen kann. Sie sagen dann wohl, das sei alttestamentlich und überholt. Der erste Grund ihrer Verlegenheit aber liegt darin, dass ihr Herz zu eng ist, um die ganze Freundlichkeit Gottes zu fassen, zu eng, um Gott auch in der Fülle der irdischen Gaben zu ehren, die er denen zuteil werden lässt, die in seinem Gesetz leben.

Dietrich Bonhoeffer

Hängt nicht Glück allein von der Fähigkeit ab, etwas als Geschenk entgegenzunehmen?

Erhart Kästner

Meine Mutter hatte die Gabe, am Wegrand stehen bleiben und mit der Schirmspitze auf ein vierblättriges Kleeblatt deuten zu können. Diese Glücksmelder riefen sie einfach; ich könnte stundenlang suchen. Nie habe ich Glück denken können ohne diese Schirmspitze.

ERHART KÄSTNER

Rennt dem Glücke nach!
Freunde, rennt euch alt und schwach!
Ich nehm teil an eurer Müh:
Die Natur gebietet sie.
Ich, damit ich auch was tu,
seh euch in dem Lehnstuhl zu.

GOTTHOLD EPHRAIM LESSING

Glücklich der Mensch,
der nicht lebt nach dem Rat und Vorbild der Bösen,
der die Wege nicht betritt, die ihn in Schuld führen,
der sich nicht mit denen gemein macht,
die verächtlich reden von Gott
und spöttisch von Menschen, die an ihn glauben.
Glücklich, wer Gottes Weisungen in sein Herz nimmt
Und über die nachsinnt Tag und Nacht.
Der ist wie ein Baum, der an einem Wasserlauf steht,
der Kraft hat, Frucht zu tragen, wenn es Zeit ist,
und dessen Blätter nicht verwelken.
Glück und Gelingen liegen über seiner Arbeit.

AUS PSALM 1

Keine Kreatur, kein Baum, kein Mensch hat das Leben in sich selbst. Wir hängen von dem Ort ab, wo unser Leben wurzelt, und das bedeutet: Leben in sich aufnimmt. Deswegen lässt der Psalmist Glück und Verderben des Menschen sich daran entscheiden, wo der Mensch sich aufhält, um, wie der Baum mit den Wurzeln, Leben in sich einzusaugen … im Rat der Gottlosen, auf dem Weg der Sünder, im Kreis der Spötter – oder aber beim Gesetz des Herrn, ganz konkret bei diesem Buch, das Gottes Wort verspricht.

Das Lebenselement, auf das es ankommt, damit das Leben fruchtbar wird und glückt, ist das Wort, dessen der Mensch so lebensnotwendig bedarf wie der Baum des Wassers: das Wort des Schöpfers, das den Menschen dem Ziel zuführt, an dem ihn Gott erwartet und annimmt.

Gerhard Ebeling

Herr, schenke mir Sinn für Humor.
Gib mir die Gnade, einen Scherz zu verstehen,
damit ich ein wenig Glück kenne im Leben
und anderen davon mitteile.

Thomas Morus

Wenn ich einen grünen Zweig im Herzen trage, wird sich eine singende Nachtigall darauf niederlassen.

Chinesisches Sprichwort

Bestimmte Dinge findet man nur, wenn man sie nicht sucht; dazu gehört das Glück. Wann bin ich glücklich? Wenn ich mich verliere in der Liebe zu einem Menschen; wenn ich mich versenke in die Schönheit eines Bildes; wenn ich nicht mich wahrnehme, sondern die Stille des Waldes. Zum Glück gehört also ein Stück Weggehen von sich selber, eher also Selbstvergessenheit als die Selbstversessenheit.

FULBERT STEFFENSKY

Gott, was ist Glück?
Eine Schlafstelle, eine Grießsuppe und keine körperlichen Schmerzen.

THEODOR FONTANE

Heiterkeit

Der Himmel hat den Menschen als Gegengewicht zu den vielen Mühseligkeiten des Lebens drei Dinge gegeben: die Hoffnung, den Schlaf und das Lachen.

Immanuel Kant

Der Wächter des Leuchtturms, der auch das Museum bewachte, also Marmorknaben und Lampen, machte sich selten die Mühe, zum Rechten des Leuchtturms zu sehen, denn er wohnte woanders ... Zacharias, so hieß er, versicherte mir, die Mehrzahl der Dinge auf dieser Welt ginge nicht durch Gebrauch kaputt, aber durch Putzen.

Erhart Kästner

Lachen und Lächeln sind Tor und Pforte, durch die viel Gutes in den Menschen hineinhuschen kann.

Christian Morgenstern

Ein schneller Entschluss

Ein Pastor bewarb sich um eine Pfarrstelle in einer kleinen Stadt südlich der Elbe. Er wurde eingeladen, eine Probe-Predigt zu halten. So reiste er am Samstagabend an, stieg in einem kleinen Gasthaus ab und wollte erst einmal zu Abend essen.

Er fragte den Wirt: „Haben Sie vielleicht Froschschenkel?"

„Nein, das gibt es bei uns nicht!"

„Na, dann bringen Sie mir Muscheln."

„Tut mir leid … haben wir auch nicht."

„Gut, dann esse ich Schnecken."

„Da muss ich auch passen. Ein halbes Hähnchen kann ich Ihnen anbieten."

Der Pastor aß das Hähnchen. Am nächsten Morgen hielt er seine Predigt. Kaum war er fertig, sagte die Gemeinde zu ihm: „Herr Pastor! Sie sind gewählt!"

Der Pastor wunderte sich über den schnellen Entschluss. Erst viel später kam heraus, warum man ihn wollte. Die Gemeinde sagte von ihm: „Den nehmen wir. Der frisst uns das ganze Ungeziefer weg!"

MÜNDLICH ÜBERLIEFERT

Was ist Milch?

Der Rabbi hat sich zu einem blinden Säufer an den Tisch gesetzt und redet ihm gut zu: „Trink doch Milch!“

Der Säufer fragt zurück: „Was ist Milch?“

Der Rabbi: „Milch ist eine weiße Flüssigkeit.“

„Nun, und was ist weiß?“

„Weiß ist zum Beispiel ein Schwan!“

„Ja, und was ist ein Schwan?“

„Ein Schwan, das ist ein Vogel mit einem langen krummen Hals.“

„Gut, aber was ist krumm?“

„Krumm?“, wiederholt der Rabbi und sagt: „Ich werde meinen Arm biegen, und du wirst ihn abgreifen. Dann weißt du, was krumm ist.“

Der Blinde tastet sorgfältig den aufwärts gebogenen Arm des Rabbis ab und sagt dann: „Jetzt weiß ich, was Milch ist!“

JÜDISCHE LEGENDE

Der Schatz unter der Brücke

Von dem armen Flickschuster Eisik, der in einem Dorf bei Krakau wohnte, wird Folgendes erzählt:

Immer wieder bat er Gott, er möchte doch Erbarmen mit seiner Armut haben, aber er blieb arm.

Eines Nachts träumt er: Er sieht eine große fremde Stadt, oben die Burg, unten ein Fluss und eine Brücke.

Eine Stimme sagt ihm: Das ist Prag. Dort unter der Brücke am Ufer ist ein Schatz vergraben. Geh hin, grab ihn aus, er gehört dir!

Nach Wochen kommt Eisik müde und ausgehungert in Prag an. Er findet die Stelle unter der Brücke, wo der Schatz liegen soll. Ein Hauptmann hält ihn für einen Spion, da er ständig um die Stelle herumstreift. In seiner Not erzählt ihm der Schuster von seiner Armut und dem Traum.

Da lacht der Hauptmann: „Weißt du, wo ich heute sein müsste, wenn ich so dumm wäre wie du, einem Traum zum glauben? In einem Dorf bei Krakau. Denn da – so träumte mir – liegt im Haus des Eisik, unter seinem Herd ein Schatz vergraben. Geh hin, der Schatz gehört dir!"

Und Eisik machte sich auf den Weg nach Hause, räumte den Herd in seiner Hütte weg und grub den Schatz aus.

Jüdische Legende

Die verscheuchten Elefanten

Hier die Geschichte von dem Manne, der alle zehn Sekunden in die Hände klatscht. Nach dem Grunde für dieses merkwürdige Verhalten befragt, erklärt er: „Um die Elefanten zu verscheuchen." „Elefanten? Aber es sind doch hier gar keine Elefanten?"

Darauf er: „Na, also! Sehen Sie?"

Paul Watzlawik

Kummer, Leid und Sorgen

Reserviere jeden Tag eine halbe Stunde
für deinen Kummer und deine Sorgen –
und in dieser Zeit mache ein Nickerchen.

QUELLE UNBEKANNT

Lasst euch niemals von etwas so mit Sorgen erfüllen, dass ihr die Freude des auferstandenen Christus vergesst.

MUTTER TERESA

Franz Marc, der Maler, schrieb an einen Freund:

„Du hast schlechte Nerven? Dann lies doch deinen Nerven aus dem Evangelium vor!"

Ich glaube, dass Frauen Kummer anders aufnehmen und bewältigen als Männer. Sie wehren sich nicht dagegen; mit offenen Armen nehmen sie den Kummer auf, verbinden und verschmelzen ihn mit jedem Teil ihres Lebens; er nimmt seinen Raum in jeder Faser ein, er gehört zu ihrem Dasein. Während Männer die konzentrierte, bittere Dosis mit einem Zug hinunterschlucken und dann zu vergessen suchen – anfangen, an einer ganz anderen Sache zu arbeiten.

ANNE MORROW LINDBERGH

Vom Segen des Tragens

Tragen, nicht abschütteln,
tragen, aber auch nicht zusammenbrechen,
tragen, wie Christus das Kreuz trug,
darunter bleiben und dort unten –
Christus finden.
Gottes Friede ist bei den Geduldigen.

Dietrich Bonhoeffer

Kann es denn nicht sein, dass Gott uns selbst die Stunden der Leere und Dürre schickt, damit wir wieder alles von seinem Wort erwarten? Suche Gott, nicht Freude – das ist die Grundregel aller Meditationen. Suchst du Gott allein, so wirst du Freude empfangen – das ist die Verheißung aller Meditation.

Dietrich Bonhoeffer

Du bist ein Gott, der mich sieht.

1. Mose 16,13

Mein Kreuz – ein Geschenk?

Gottes ewige Weisheit hat beschlossen, dir dieses Kreuz aus seinem Herzen als kostbares Geschenk zu geben. Er hat es, ehe er es dir schickte, mit seinem allwissenden Auge betrachtet, mit seinem göttlichen Verstand durchdacht, mit seiner weisen Gerechtigkeit geprüft und seinem liebenden Erbarmen durchwärmt. Er hat es mit seinen beiden Händen gewogen, ob es nicht um einen Millimeter zu groß, ein Milligramm zu schwer sei. Dann hat er es gesegnet mit seinem heiligen Namen, mit seiner Gnade gesalbt und mit seinem Troste durchhaucht und noch einmal auf dich und deinen Mut geblickt. So kommt es nun geradezu aus dem Himmel zu dir als ein Ruf Gottes und als ein Geschenk seiner erbarmenden Liebe, damit du ganz du selber werdest und in Gott deine Erfüllung findest.

Franz von Sales (16. Jh.)

Die Perle entsteht in der Muschel durch eine innere Störung der Harmonie des Muschelgleichgewichts. Die Muschel nimmt diese Herausforderung an und veredelt das Hereingebrochene.

Verfasser unbekannt

Wenn dein Bogen zerbrochen ist
und du keine Pfeile mehr hast,
dann schieße –
schieße mit deinem ganzen Sein.

Japanische Weisheit

Wenn auch unser äußerlicher Mensch verfällt,
so wird doch der innerliche von Tag zu Tag erneuert.

2. Korinther 4,16

Der Herr wird euch in Trübsal Brot
und in Ängsten Wasser geben.

Jesaja 30, 20

Kann Gott einen Tisch bereiten in der Wüste?
Brot der Engel aßen sie alle,
er sandte ihnen Speise in Fülle.

Psalm 78, 19.25

Gott bittet uns: „Lass mich allein dein Gott sein und suche ja keinen anderen.“ –

Das ist: Was dir an Gutem mangelt, das erwarte von mir und suche es bei mir, und wo du Unglück und Not leidest, halte dich zu mir. Ich, ich will dir genug geben und aus aller Not helfen. Lass nur dein Herz an keinem andern hängen noch ruhn.

MARTIN LUTHER

Nimm auch Kraft aus Verlusten … Auch Verluste, indem sie berauben, lassen etwas, das vorher nicht da war, zurück. Verluste sind Linsen, durch welche man schärfer erblickt … Es ist freilich nur halblaut zu sagen, denn vorm Verlieren zittern wir alle.

ERHART KÄSTNER

Kein Mensch kann den andern von seinem Leid befreien, aber er kann ihm Mut machen, das Leid zu tragen.

SELMA LAGERLÖF

Ich glaube, dass Gott uns in jeder Notlage soviel Widerstandskraft geben will, wie wir brauchen. Aber er gibt sie nicht im Voraus, damit wir uns nicht auf uns selbst, sondern allein auf ihn verlassen.

DIETRICH BONHOEFFER

Wir müssen lernen, die Menschen weniger auf das, was sie tun und unterlassen, als auf das, was sie erleiden, anzusehen.

Dietrich Bonhoeffer

Wer kann sagen, ob es irgendetwas auf der Welt gibt, ein Gedicht oder eine glänzende Tat, einen Sieg, der es wettmacht, dass man ein Kind an der Straßenecke unter Tränen hat stehen lassen.

Erhart Kästner

Sammle meine Tränen in deinen Krug. Fürwahr, du zählst sie.

Psalm 56, 9

Empfänglichkeit für Gott wird dem gebrochenen Herzen gewährt.

Abraham J. Heschel

Gottes Wege sind dunkel, aber das Dunkel liegt nur in unsern Augen, nicht auf Gottes Wegen.

Matthias Claudius

Niemand kann einem anderen die Tränen trocknen, ohne sich selbst die Hände nass zu machen.

Afrikanisches Sprichwort

Betrachte immer die helle Seite der Dinge!
Und wenn sie keine haben?
Dann reibe die dunkle, bis sie glänzt!

Norman Vincent Peale

Vertrauen

Lasst uns die gegenwärtige Gnade lieben!

IGNATIUS VON ANTIOCHIEN

Jetzt, in dieser deiner Lebensstunde, will Christus dir nahe sein. Nimm es wahr in liebender Aufmerksamkeit, in liebender Wachsamkeit. In seiner Nähe liegt Leben, liegt Auferstehung.

JOHANNES BOURS

Wenn wir beten, müssen wir auf Gott schauen, nicht auf die Schwierigkeiten.

OSWALD CHAMBERS

Was mir unser Herrgott gibt, das nehm ich gern.
Was er nicht gibt, das kann ich wohl entbehrn.
Das ist mein Wahlspruch, dass ich mir genügen lassen kann; so halte ich Haus.

MARTIN LUTHER

Ein Rabbi, der in großer Armut lebte, bat Gott täglich: „Gib mir doch, was ich zum Leben brauche!" Aber er blieb arm.

Seine Schüler sagten: „Hör doch auf, zu Gott zu rufen. Er gibt dir nicht, worum du bittest."

Der Rabbi antwortete: „O doch. Er gibt mir die Armut. Und das ist offenbar, was ich zum Leben brauche."

JÜDISCHE LEGENDE

Herr der Welt, zu einer Zeit, da ich Kraft habe, vor dir im Gebet zu stehen und Worte hervorzubringen – leihe mir dein Ohr! Zu einer Zeit, da ich keine Kraft habe, Worte hervorzubringen – verstehe, was in meinem Herzen ist.

KÖNIG DAVID ZUGESCHRIEBEN

Ehe sie rufen, will ich antworten.

JESAJA 65, 24

Lass dein Leben ein fortwährendes „Hinausgehen" im Vertrauen auf Gott sein, und es wird ein unaussprechlicher Zauber über deinem Leben liegen.

OSWALD CHAMBERS

Was würden Sie tun, wenn Sie das
neue Jahr regieren könnten?
Ich würde vor Aufregung wahrscheinlich
die ersten Nächte schlaflos verbringen
und darauf tagelang ängstlich und kleinlich
ganz dumme, selbstsüchtige Pläne schwingen.
Dann – hoffentlich – aber laut lachen
und endlich den lieben Gott abends leise
bitten, doch wieder nach seiner Weise
das neue Jahr göttlich selber zu machen.

JOACHIM RINGELNATZ

Durch den Glauben gingen sie durchs rote Meer
wie über trockenes Land.

HEBRÄER 11, 29

Er (Mose) glaubte an Gott, den er nicht sah,
als sähe er ihn.

HEBRÄER 11, 27

Alles ist dem möglich, der glaubt.

MARKUS 9, 23

Es fällt unserem impulsiven Wagemut leicht, auf dem Wasser zu wandeln. Etwas ganz anderes ist es aber als ein Jünger Christi auf dem trocknen Land zu gehen.

(...)

Gott verlangt einzig von mir, dass ich ihm und seiner Güte blindlings vertraue. Das Selbstmitleid ist vom Teufel.

Oswald Chambers

Der Strom des Gebetes ist wie der Golfstrom: Allem Kalten verleiht er Wärme. Er schmilzt alles, was hart ist in unserem Leben.

(...)

Gebet ist eine Antwort an Gott: „Hier bin ich. So ist mein Leben. Blick in mein Herz, in meine Hoffnungen und Kümmernisse."

Abraham J. Heschel

Je mehr du bittest, je lieber er dich hört.
Schütte nur rein alles heraus,
tröpfle nicht, denn er wird auch nicht tröpfeln,
sondern mit Sintflut dich überschütten.

Martin Luther

Wenn ich sehe die Himmel, deiner Finger Werk, den Mond und die Sterne, die du bereitet hast:

Was ist der Mensch, dass du seiner gedenkst und des Menschen Kind, dass du dich seiner annimmst?

Psalm 8, 4-5

Eine winzig kleine Blume von irgendeinem wilden Wegrain, die Schale einer kleinen Muschel am Strand, die Feder eines Vogels – das alles verkündet dir, dass der Schöpfer ein Künstler ist.

Tertullian

Ich aber kann mir nicht vorstellen, wie einem Menschen zu Sinn sein muss, der ernstlich meint, es gebe keinen Gott, wo er doch die Sonne aufgehen sieht.

Martin Luther

Ein Mensch voll Lebensüberdruss
sagt zu sich selbst: „Jetzt mach ich Schluss!“
Jedoch er findet tausend Gründchen,
zu warten noch ein Viertelstündchen.
Die Gründchen sammeln sich zum Grunde:
Er schiebt's hinaus noch eine Stunde.
Kann er noch sterben, wann er mag,
hat's auch noch Zeit am nächsten Tag.
Zuletzt hat er sich fest versprochen,
sich zu gedulden ein, zwei Wochen.
Und schau: Das Seelentief zog weiter –
seit Jahren lebt er wieder, heiter …

Eugen Roth

Mein sind die Jahre nicht,
die mir die Zeit genommen;
mein sind die Jahre nicht,
die etwa mögen kommen;
der Augenblick ist mein,
und nehm ich den in Acht,
so ist der mein,
der Zeit und Ewigkeit gemacht.

Andreas Gryphius

Der Mensch lebt nicht nur in Raum und Zeit, sondern auch in der Dimension der Zuwendung Gottes.

ABRAHAM J. HESCHEL

Gott findet uns auch da, wo uns keiner vermutet: in der Wüste. Und da redet er mit uns, damit wir am Leben bleiben. Mit fast zärtlichen Worten heißt es von Gott in Bezug auf Jakob:

Er fand ihn in der Wüste.
In der dürren Einöde sah er ihn.
Er umfing ihn und hatte Acht auf ihn.
Er hütete ihn wie seinen Augapfel.
Wie ein Adler ausführt seine Jungen
und über ihnen schwebt,
so breitete er seine Flügel aus.
Er nahm ihn und trug ihn auf seinen Flügeln.
Der Herr allein leitete ihn.
Kein fremder Gott war mit ihm.

5. MOSE 32, 10-12

Wenn du Gott wolltest Dank
für jede Wohltat sagen,
du fändest keine Zeit,
noch über Weh zu klagen.

ANGELUS SILESIUS

Quellenangaben

Mascha Kaléko, „In mir ist alles aufgeräumt und heiter ..." aus dem Band: In meinen Träumen läutet es Sturm, © 1977 Deutscher Taschenbuch Verlag, München

Bertolt Brecht, Vergnügungen; aus: Werke. Große kommentierte Berliner und Frankfurter Ausgabe, Band 15, © 1993 Suhrkamp Verlag, Frankfurt/M.

Noëlle Châtelet: Die Klatschmohnfrau, © 1999, 2001 Verlag Kiepenheuer & Witsch, Köln

Simone de Beauvoir, Eine gebrochene Frau, © 1969 Rowohlt Verlag GmbH, Reinbek

Rose Ausländer, Und Wiesen gibt es noch ... aus: dies., Wieder ein Tag aus Glut und Wind. Gedichte 1980-1982. ©1986 S. Fischer Verlag GmbH, Frankfurt/M.

Alle Texte von Dietrich Bonhoeffer aus: Widerstand und Ergebung, © Christian Kaiser/ Gütersloher Verlagshaus, Gütersloh

Erhart Kästner, „Der Wächter des Leuchtturms ..."; „Nimm auch Kraft aus Verlusten ..."; „Wer kann sagen ..."; „Hängt nicht Glück ..."; „Meine Mutter hatte die Gabe ..." aus: Die Lerchenschule. © 1964 Insel Verlag, Frankfurt/M.

Gerhard Ebeling, Psalmenmeditationen. © Verlag Mohr Siebeck, Tübingen

Fulbert Steffensky, Wider den Luxus der Hoffnungslosigkeit, © 1995 Verlag Herder, Freiburg i. Br.

Paul Watzlawik, Anleitung zum Unglücklichsein, © 1983 Piper Verlag, München
Mutter Teresa, Die Sprache der Hoffnung, Urheber: Peter Helbich. © Gütersloher Verlagshaus, Gütersloh
Anne Morrow Lindbergh aus: „Das Schönste von A. M. Lindbergh", © der deutschen Übersetzung: Piper Verlag, München
Selma Lagerlöf, © Mit freundlicher Genehmigung des nymphenburger Verlages in der F.A. Herbig Verlagsbuchhandlung, München
Erhart Kästner, „Wer kann sagen …", aus: Ölberge, Weinberge, © 1991 Insel Verlag, Frankfurt/M.
Abraham J. Heschel, „Empfänglichkeit für Gott …"; „Der Mensch lebt nicht nur …" aus: Gott sucht den Menschen, Eine Philosophie des Judentums. © 1995 Jüdische Verlagsanstalt Berlin, Neukirchen-Vluyn
Ders., „Gebet ist eine Antwort an Gott …"; „Der Strom des Gebetes …" aus: Der Mensch fragt nach Gott, Untersuchungen zum Gebet und zur Symbolik. © 2002 Jüdische Verlagsanstalt Berlin, Neukirchen-Vluyn
Johannes Bours, Nehmt Gottes Melodie in euch auf, © 6. Aufl. 1992 Verlag Herder, Freiburg i. Br.
Oswald Chambers, „Wenn wir beten …" aus: Ich schaue in Gottes Angesicht, © der deutschen Ausgabe 2000 Hänssler Verlag, Holzgerlingen
Oswald Chambers, „Lass dein Leben …"; „Es fällt unserem impulsiven Wagemut …" aus: Mein Äußerstes für sein Höchstes, © Blaukreuz-Verlag, Wuppertal

Leider konnten trotz sorgfältiger Recherche nicht alle Quellenangaben ermittelt werden. Der Verlag dankt für Hinweise.

Hanna Ahrens

Atempausen

Zeit für mich

Großdruck-Ausgabe
208 S., kartoniert,
ISBN 978-3-7655-3857-5

Was braucht man, um glücklich zu sein? Vor allem ein wenig Zeit! Zeit, um eine Blume zu bewundern und zu lieben. Zeit, umvor Freude ein Lied zu pfeifen und Gott für seine wunderbare Schöpfung zu danken. Ohne solch eine Zwiesprache wird das Leben zur Wüste.

Ich wünsche mir kleine Zeit-Inseln mitten im Meer der Arbeit.Inseln, auf die ab und zu etwas von dem Glück fällt, das der Himmel mir zugedacht hat. Manchmal gibt es solche Atempausen– davon erzählen diese Geschichten.

Brunnen Verlag Gießen
www.brunnen-verlag.de

Hanna Ahrens

Worte, die den Tag verändern

Großdruck-Ausgabe
80 S., Taschenbuch,
ISBN 978-3-7655-3770-7

Manchmal gibt es zwischen den vielen Worten, die wir täglich hören, ein Wort, einen Satz, der uns Mut macht. Wir freuen uns darüber und sehen alles in einem anderen Licht. „Worte, die den Tag verändern" eröffnen neue Perspektiven, und alles ist wie verwandelt. Eine der beliebtesten Kurzgeschichten-Sammlungen von Hanna Ahrens.

Brunnen Verlag Gießen
www.brunnen-verlag.de